MAKEDONIEN
BULGARIEN
ALBANIEN
Korfu
GRIECHEN-LAND
Ägäisches Meer
Ionisches Meer
TÜRKEI
AF525766
Akr. Kassiopis
Ormos Bolana
Akr. Varvara
Agios Stefanos
Sinies
Akr. Ag. Stephanos
Kalami
Kendroma
Vorio Steno Kerkiras
Vido
KERKYRA (Korfu-Stadt)
Akr. Sidero
Ormos Garitsas
Kanoni
Perama
Achillion
Benitses
Ag. Ioannis Peristeron
Moraitika
Messongi
DER INSELSÜDEN
Boukaris
Petriti
Kouspades
Akr. Lefkimis
Alikes
Kolpos Lefkimis
Linia
Argirades
Perivoli
Lefkimi
Ag. Georgios Argiradon
Marathias
Vitalades
Melikia
Bastatika
Kritika
Kavos
Akr. Koundouris
Spartera
Ag. Gordis
C. Arkoudillas

KORFU

DER AUTOR

Klaus Bötig kennt Korfu seit 1973 und besucht die Insel seitdem mindestens einmal im Jahr. Insgesamt kreuzt er alljährlich etwa vier bis sechs Monate lang durch Griechenland, kennt 87 der etwa 100 bewohnten Inseln und alle Festlandsregionen. Der Bremer Reisejournalist hat mittlerweile 100 Reiseführer verfasst und schreibt regelmäßig für die Reisezeitschrift »Abenteuer und Reisen« sowie für die in Athen erscheinende deutschsprachige Griechenland-Zeitung.

www.vistapoint.de

Top 10 & Willkommen

Chronik

Stadttouren Korfu mit Detailkarten

Vista Points – Sehenswertes

Reiseregionen, Orte und Sehenswürdigkeiten

Service von A bis Z

Extras – Zusatzinformationen

Zeichenerklärung

Top 10
Das müssen Sie gesehen haben, siehe vorderer innerer Umschlag und hintere Umschlagklappe.

Vista Point
Reiseregionen, Orte und Sehenswürdigkeiten

Symbole
Verwendete Symbole siehe hintere innere Umschlagklappe.

Kartensymbol: Verweist auf das entsprechende Planquadrat der Karte bzw. der Detailpläne im Buch.

Willkommen auf Korfu

Urlaub auf Korfu ist Urlaub im Grünen. Anders als die meisten griechischen Inseln ist Korfu dicht bewaldet. Über vier Millionen zumeist Jahrhunderte alte und entsprechend knorrige Olivenbäume bedecken die überwiegend hügelige Landschaft. Immer wieder ragen spitze Zypressen nadelförmig hervor. Steinig-kahl ist Korfu nur am Pantokrátoras-Massiv, das im Norden 906 Meter in den Himmel ragt.

Ringsum wird die Insel von vielfältigen Stränden gesäumt. An der dem nahen Festland zugewandten Ostküste sind sie meist schmal und kieselig. Man sonnt sich hier auch gern auf den Liegewiesen der Hotels, an Pools und auf ins Meer ragenden Badeplattformen. Die Ufer sind kinderfreundlich flach. Im Norden und Westen überwiegen kilometerlange Sandstrände, die sich teilweise unter hohen, hellen Steilufern entlangziehen. Im Süden des Binnensees Korission kann man sogar durch Dünen wandern. Viele Strandabschnitte im Norden und Westen sind noch weitgehend unverbaut, frei von Sonnenschirmen und Liegestühlen. Da findet jeder, der will, sein ganz einsames Plätzchen.

Mit der Metropole Kérkyra (Korfu-Stadt) besitzt die Insel eine der schönsten historischen Städte ganz Griechenlands. Ihre weitläufige Altstadt ist ein Musterbeispiel für venezianische Architektur, abgerundet durch französische und sich

auf die griechische Antike beziehende britische Architekten. Die meisten Häuser sind fünf und mehr Stockwerke hoch, die Kirchen zieren schlank aufragende Campanile à la Serenissima. Viele Straßen sind mit Marmor gepflastert; unter schattigen Arkaden reihen sich Cafés und kleine Geschäfte aneinander. Von der langen, sich um Buchten windenden Uferstraße aus blickt man hinüber aufs Festland mit seinen über 2000 Meter hohen Gebirgen. Allein in der Stadt könnte man schon eine ganze Woche verbringen, zumal unzählige Restaurants und Tavernen, Cafés und Bars darauf warten, getestet zu werden. Außerdem konzentrieren sich alle wichtigen Museen der Insel in ihrer Metropole.

Aristokratisch wie die Stadt wirken auch die etwa 60 korfiotischen Dörfer, die meist abseits des Meers im Hügelland liegen und nur wenig vom Tourismus geprägt sind. Auch hier blieb viel alte venezianische Architektur erhalten. Neueren Datums sind hingegen die meisten Häuser in den jungen Küstenorten, die ihre Bedeutung überwiegend dem Sommertourismus verdanken. Dort kann man prächtig entschleunigen, denn Besichtigungsstress kommt auf Korfu nicht auf. Überregional bedeutende Must-sees gibt es kaum. Landschafts-, Natur- und Badeerlebnis stehen auch bei Rundfahrten im Vordergrund.

In der Bucht von Porto Timóni

Daten zur Geschichte

Um 50 000 v. Chr.	Erste nachweisbare Besiedlung der Insel bereits in der Altsteinzeit.
Um 9000 v. Chr.	Mit dem Anstieg des Meeresspiegels löst sich Korfu vom Festland und wird zur Insel.
Um 1225 v. Chr.	Kampf um Troja ohne korfiotische Beteiligung. Nach Kriegsende beginnt die zehnjährige Irrfahrt des Odysseus, die ihn als letzte Station vor seiner glücklichen Heimkehr nach Korfu führt (gemäß dem märchenhaften Epos des Homer).
734 v. Chr.	Auswanderer aus der Großstadt Korinth auf dem Peloponnes gründen auf der Halbinsel Análipsis auf dem Gebiet der heutigen Inselhauptstadt die Kolonie Kérkyra, die schnell wohlhabend wird.
665/664 v. Chr.	Kérkyra löst sich nach einer gewonnenen Seeschlacht gegen die Mutterstadt von deren Vorherrschaft und gründet bald darauf eigene Tochterstädte an der Küste des heutigen Albanien (Epidamnos beim heutigen Durrës, Apollonia beim heutigen Poian).
Um 590 v. Chr.	Einen wesentlichen Beitrag zur Entwicklung des griechischen Tempelbaus liefern die Kerkyreer mit der Errichtung des Artemis-Tempels, der als ältestes Werk monumentaler griechischer Steinarchitektur gilt, heute allerdings nur noch im Grundriss erkennbar ist. Sehr viel besser erhalten ist hingegen der Gorgo-Giebel, der ihn einst zierte und heute im Archäologischen Museum der Stadt steht. Er gilt als älteste griechische Giebelkomposition überhaupt.
480 v. Chr.	Kérkyra entsendet zur Unterstützung der Athener im Kampf gegen Persien 60 Schiffe zur Seeschlacht von Sálamis. Die Schiffe erreichen ihr Ziel jedoch erst nach dem Sieg der Athener.
338 v. Chr.	Korfu wird wie ganz Griechenland Teil des Königreichs Makedonien unter Philipp II. und Alexander dem Großen.
229 v. Chr.	Kérkyra unterwirft sich dem aufstrebenden Rom.
395–1204 n. Chr.	Kérkyra ist Teil des Oströmisch-Byzantinischen Reichs, das von Konstantinopel, dem heutigen Istanbul, aus regiert wird.

Reste der venezianischen Werfthallen in Gouviá

Die Venezianer in Griechenland

Darstellung des venezianischen Feldherrn Francesco Morosini am Rathaus von Korfu-Stadt

Der Reichtum Venedigs beruhte zu einem großen Teil auf dem Handel der Stadt mit dem Orient und der Levante. Zur Sicherung seiner Häfen und Handelsrouten errichtete die Serenissima schon seit dem 13. Jahrhundert zahlreiche Burgen und befestigte Städte an den Küsten Griechenlands. 1204 hatten die Venezianer wesentlich einen Kreuzzug finanziert, der zur Eroberung von Byzanz (Konstantinopel) und einer Aufteilung Griechenlands unter westlichen Fürstentümern führte. Venedig erhielt seinen Anteil wie gewünscht entlang der Küsten von Ägäis und Ionischem Meer. Auch ganze Inseln fielen an die italienische Lagunenstadt, allen voran Kreta und Korfu mitsamt allen Ionischen Inseln. Als das Byzantinische Reich 1453 nach der Eroberung des zwischenzeitlich wieder byzantinisch gewordenen Konstantinopel durch die Türken vollends zerbrach, flüchteten viele wohlhabende und gebildete Griechen von dort vor allem nach Korfu und Kreta. Als auch Kreta 1669 den Türken anheimfiel, kam ein zweiter Flüchtlingsschub auf die Ionischen Inseln, die nie türkisch wurden. Sie konnten sich so zu Brückenköpfen westlicher Kunst und Kultur zwischen Italien und dem Osmanischen Reich entwickeln. Von ihren westlich gebildeten Bürgern und Künstlern profitierte dann auch das 1830 gegründete neue Griechenland, in dem mehrere Korfioten Führungspositionen einnahmen.

1204 Eroberung und Plünderung Konstantinopels durch die Teilnehmer am Vierten Kreuzzug. Französische und italienische Ritter sowie die Stadtstaaten Genua und Pisa teilen Griechenland unter sich auf.

1207–1386 Nach einem kurzen venezianischen Vorspiel wird die jetzt Korfu genannte Insel zuerst von Sizilien, dann vom Adelsgeschlecht der Ritter von Anjou beherrscht.

1386 Venedig erobert Korfu fast kampflos und kauft die Insel kurz darauf dem König von Neapel ab. Die Venezianer animieren die einheimischen Bauern und Landbesitzer durch Prämienzahlung zum Pflanzen zahlloser Olivenbäume, die vor allem Öl für die Lampen Venedigs liefern sollen.

1453 Endgültige Vernichtung des Byzantinischen Kaiserreichs und Eroberung Konstantinopels durch die Osmanen, die in der Folgezeit ganz Griechenland mit Ausnahme Korfus und der Ionischen Inseln unterwerfen. Korfu kann dadurch anders als das übrige Griechenland an den westlichen Entwicklungen in Geistesleben und Kunst teilhaben.

1537/71 Osmanische Truppen belagern Korfu erfolglos.

1669 Nach der Eroberung der bis dahin von Venedig beherrschten Insel Kreta durch die Türken flüchten zahlreiche christliche Künstler, Gelehrte und Kaufleute auf die Ionischen Inseln, viele davon nach Korfu. Vor allem zugewanderte Ikonenmaler aus Kreta tragen fortan zur Herausbildung eines eigenen »Ionischen Stils« in der nachbyzantinischen Sakralkunst bei.

Kaiserin Elisabeth auf Korfu, Gemälde von Friedrich August Kaulbach, 1899

1716 Letzte Belagerung Korfus durch die Osmanen. Befehlshaber der letztlich siegreichen venezianischen Truppen war der in Emden bei Magdeburg geborene Johann Matthias Graf von der Schulenburg, der der Serenissima als Berufsoffizier diente.

1797/98 Truppen Napoleons besetzen die Insel, richten hier aber – anders als sonst häufig – nur wenige Zerstörungen in Kirchen und Klöstern an.

1815 Nach wechselnder Einflussnahme Frankreichs, Russlands und Großbritanniens werden Korfu und die Ionischen Inseln vom Wiener Kongress britischer Oberhoheit unterstellt. Unter britischer Herrschaft wird die Infrastruktur der Insel, insbesondere Straßennetz und Wasserversorgung, grundlegend modernisiert.

1830 Nach einem mehrjährigen Freiheitskampf kommt es zur Gründung des neugriechischen Staats, der allerdings nur einige Teile des heutigen Griechenlands umfasst. Die Ionischen Inseln bleiben unter britischer Herrschaft. Der korfiotische Graf Ioánnis Kapodístrias wird aber immerhin erster Premierminister des befreiten Hellas.

1864 Korfu und die Ionischen Inseln werden Teil des neugriechischen Staats.

1890–92 Die österreichische Kaiserin Elisabeth, auch Sisi genannt, lässt sich das Achíllion als Ferienschloss erbauen.

1907 Der deutsche Kaiser Wilhelm II. erwirbt das Achíllion und macht dort bis 1914 fünfmal Urlaub.

1914–18 Erster Weltkrieg. Griechenland bleibt neutral. Nach der Eroberung Serbiens durch Deutsche und Österreicher werden 150 000 serbische Soldaten und Zivilisten nach Korfu evakuiert. Über 5000 sterben hier durch Hunger und Seuchen.

1940–43 Besetzung Korfus durch italienische Truppen.

1943/44 Deutsche Truppen besetzen nach Bombardierung der Hauptstadt die Insel, die jüdische Bevölkerung Korfus wird in deutsche Konzentrationslager deportiert und dort ermordet. Ein zweites Mal wird die Inselhauptstadt bombardiert, dieses Mal durch britische Flugzeuge.

1944–49 Griechischer Bürgerkrieg. Ein Schwerpunkt der Kämpfe zwischen Bürgerlichen und Kommunisten liegt auf dem Korfu gegenüberliegenden Festland.

1955 Griechenland wird NATO-Mitglied.

1967–74 Militärdiktatur in Griechenland.

1974 Nach einem missglückten, von der griechischen Junta angezettelten Putsch auf Zypern bricht die Militärherrschaft zusammen. Die Demokratie wird wieder hergestellt, die Monarchie abgeschafft. Binnen kurzer Zeit entwickelt sich ein demokratisches System westlicher Prägung, das von zwei Parteien dominiert wird, von der sozialdemokratischen PASOK und der konservativen Néa Dimokratía. Die beiden lösen sich fortan mehrfach als Regierungspartei ab.

1981 Griechenland wird Mitglied der EG (heute EU).

2002 Der Euro ersetzt die Drachme als Landeswährung.

2004 Griechenland wird Fußballeuropameister. In Athen finden die Olympischen Sommerspiele statt.

2010–15 Griechische Misswirtschaft, eine aufgeblähte Bürokratie, Korruption und Vetternwirtschaft bescheren Griechenland im Zusammenwirken mit internationalem Spekulantentum eine Finanz- und Gesellschaftskrise. Der Staatsbankrott kann nur durch Kredite und Garantien der EU, der Europäischen Zentralbank und des Internationalen Währungsfonds verhindert werden. Als Gegenleistung müssen die Griechen viele Opfer bringen. Die ohnehin zumeist kargen Renten und die oft ungerechtfertigt hohen Gehälter der viel zu vielen Staatsbediensteten werden gekürzt. Das Renteneintrittsalter wird angehoben, zahlreiche Verbrauchssteuern und die Mehrwertsteuer werden stark erhöht. Die Arbeitslosigkeit steigt auf bis zu 25 Prozent, die Jugendarbeitslosigkeit erreicht zeitweise sogar über 50 Prozent.

2015–2018 Ein Linksbündnis unter Aléxis Tsípras gewinnt 2015 die Parlamentswahlen in Griechenland und bildet zusammen mit der rechtspopulistischen ANEL eine Koalitionsregierung. Auch diese muss sich den von Brüssel und Berlin auferlegten Forderungen immer wieder beugen. Renten und Sozialausgaben werden noch weiter gekürzt, Steuern erhöht. Viele Staatsbetriebe werden auf Jahrzehnte an ausländische Unternehmen verpachtet. Im August 2018 tritt Griechenland aus dem Rettungsprogramm der EU aus und ist faktisch wieder unabhängig. Das Land kann wieder Kredite auf dem freien Geldmarkt aufnehmen. Wirtschaftlich ist der Tourismus die große Hoffnung.

ab 2019 Mit knapp 40 Prozent der Stimmen gewinnt Kyriakos Mitsotakis, Kandidat der konservativen Partei Nea Dimokratia, bei der Parlamentswahl im Juli 2019 und kann nun allein regieren. Krisen bestimmen die kommenden Jahre: Sehr viele Flüchtlinge kommen ins Land, die Pandemie lässt den Tourismus einbrechen, Streit mit der Türkei um die Hoheitsrechte und Wirtschaftszonen in der Ägäis, Inflation und Energienotstand. Dennoch zeigt das wirtschaftliche Klima in Griechenland allmählich erste Anzeichen einer Besserung.

2020 Mit Katerina Sakellaropoulou bekleidet erstmals eine Frau als Staatspräsidentin das höchste Amt im Staat.

2022 Von dem Allzeithoch bei den Tourismuseinnahmen auf den griechischen Inseln profitiert auch Korfu.

2023 Die konservative Partei Nea Dimokratia unter Kyriakos Mitsotakis gewinnt die Parlamentswahl in Griechenland klar und kann mit einer absoluten Mehrheit regieren. ■

Die große Altstadt-Tour

Vormittag
Platía Sarocco – Seifenfabrik Patoúnis – Markt – Synagoge Scuola Greca – Neue Festung – Alter Hafen – Byzantinisches Museum – Faliráki – Esplanade

Mittag
Rex, Liston/Kapodistríou 66, ✆ 26 61 03 96 49, rexrestaurant.gr, €€€. Im Stadtzentrum gelegenes, stilvolles Restaurant mit feiner griechischer Küche.

Nachmittag
Alter Palast – Schlossgarten – Alte Festung – Énosis-Denkmal – Maitlands-Rotonda – Rathaus – katholische Bischofskirche – Casa Parlante – Banknotenmuseum – Ágios Spirídonos – Cambiello – Agía Theódora – Platía Sarocco.

Die Inselhauptstadt besucht man am besten mit dem Linienbus. Die Busse aus den stadtnahen Urlaubsorten Pérama und Benítses im Süden sowie aus Kontokáli, Gouviá, Komméno, Dassiá und Ípsos steuern direkt die zentrale Platía Sarocco an. Busse aus den anderen Urlaubsorten fahren zum Fernbusbahnhof an der Umgehungsstraße. Von dort kommt man mit der Stadtbuslinie 15 zur Platía Sarocco, dem zentralen Verkehrsknotenpunkt am Altstadtrand.

Die folgende Stadttour ist auf dem Stadtplan rot eingezeichnet.

Die große **Platía Sarocco** ➡ aD2 ist zwar der zentrale Platz der Neustadt, lädt aber kaum zum längeren Verweilen ein: Ringsum vom Autoverkehr umflossen beherbergt sie fast keine Cafés oder Bars. Bevor es Richtung Altstadt geht, empfiehlt sich ein kurzer Schlenker zur historischen **Seifenfabrik Patoúnis** ➡ aC2, in der schon seit 1891 Olivenseife weitgehend

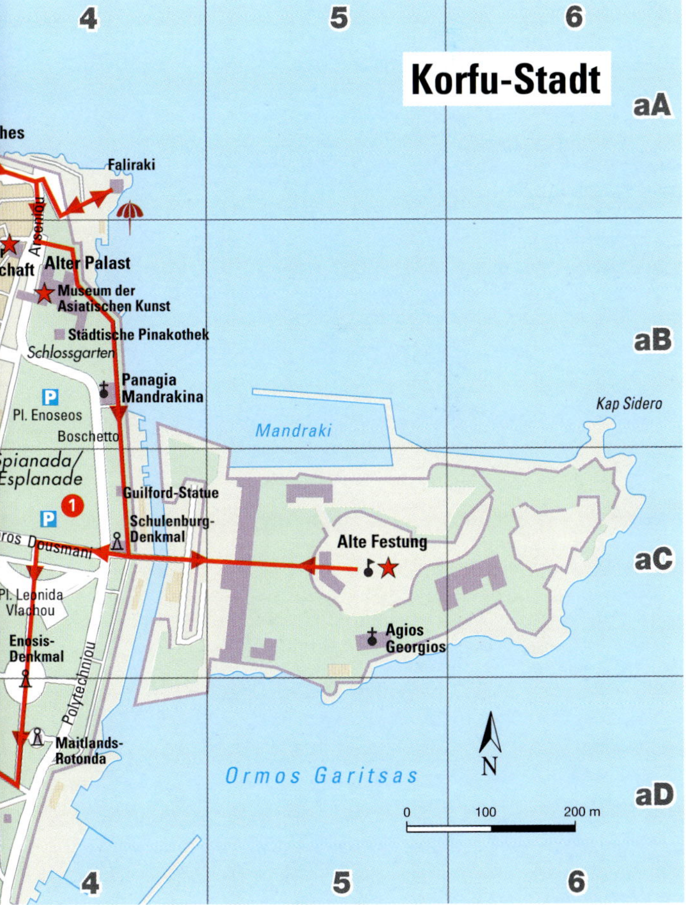

Blick auf Korfu-Stadt: von der Neuen Festung über den Alten Hafen und die Altstadt bis zur Alten Festung

in Handarbeit hergestellt wird. Mitarbeiter erklären die Fertigungsprozesse, in einem kleinen Laden können die Seifen schön verpackt erworben werden. Ein Stück weiter befindet sich der **Wochenmarkt** ➡ aC2 in einem ehemaligen Festungsgraben der Neuen Festung. Kleine Espresso-Bars und Cafés bieten die Möglichkeit, dem bunten Markttreiben in Ruhe zuzuschauen.

Nun geht es zurück Richtung Platía Sarocco und auf die Odós G. Gervasíou, eine der Haupteinkaufsstraßen für den Bedarf der Einheimischen, die in nur drei Minuten in die Altstadt führt. Über die links abzweigende autofreie Gasse Odós Velissaríou gelangt man ins ehemalige jüdische Viertel Evraikí. Als die christlichen Korfioten das jüdische Viertel 1891 20 Tage lang belagerten, um es auszuhungern, umfasste die jüdische Gemeinde der Stadt noch über 5000 Mitglieder, die in vier Synagogen beteten. Nach dem Pogrom verblieben nur noch 2000 auf der Insel, die dann 1944 von den Deutschen in Vernichtungslager abtransportiert wurden. Nur 180 von ihnen überlebten. Heute umfasst die jüdische Gemeinde etwa 60 Mitglieder. Ihre im 17. Jahrhundert erbaute **Synagoge Scuola Greca** ➡ aB2 kann besichtigt werden.

Die Odós Velissaríou mündet auf die Odós Solomoú. Folgt man dieser nach links aufwärts, kommt man an der stets verschlossenen, aber fotogenen Kirche **Panagía Tenédou** ➡ aB2 vorbei zur **Neuen Festung** ➡ aA1–C2, die einen grandiosen Ausblick über die gesamte Altstadt bietet. Auf der Odós D. Solomoú geht es anschließend zurück und weiter zur **Platía Néou Froúriou** ➡ aB2. Auf ihr erinnert eine 2001 aufgestellte, sehr bewegende Bronzeplastik an den Holocaust.

Die Platía leitet über zum **Alten Hafen** ➡ aA1/2 der Inselhauptstadt. Fähren legen hier längst nicht mehr ab, allerdings fahren von hier im Sommerhalbjahr kleine Passagierboote zum vorgelagerten Inselchen Vído.

Besonders viele Besucher aus Serbien fahren nach **Vído** ➡ G5/6. Im Ersten Weltkrieg flüchteten mehr als 150 000 Serben vor den deutsch-österreichischen Truppen nach Korfu. Kranke und Verletzte wurden auf Vído unter unmenschlichen Bedingungen interniert. Tausende starben dort. Mahnmale und ein Mausoleum erinnern an sie.

Am Alten Hafen wendet man sich nach rechts, die Uferstraße steigt leicht an und windet sich am felsigen Ufer entlang. Vorbei am **Solomós-Museum** ➡ aA3, das vorwiegend Besuchern mit einem speziellen Interesse an dem griechischen Dichter zu empfehlen ist, kommt man zum **Byzantinischen Museum** ➡ aA3 in der Kirche Antivouniótissa, einem der stimmungsvollsten Museen ganz Griechenlands. Für eine Besichtigung benötigt man etwa 30 bis 45 Minuten.

Zurück auf der Uferstraße führt kurz darauf eine Gasse durch das venezianische Nikólaos-Tor hinunter nach **Faliráki** ➡ aA4 direkt am Meer. Das heute vom Restaurant »En Plo« genutzte Gebäude war in Segelschiff- und Dampferzeiten der Passagier- und Auswandererterminal der Insel. Von hier aus wurden die Fahrgäste mit kleinen Booten zu ihren auf Reede ankernden Schiffen übergesetzt. Ein ganz kurzer Kiesstrand mit gut gestylter Beach Bar, Sonnenschirmen und Liegen lädt hier heute zu einem längeren Verweilen ein.

Die Uferstraße führt nun am **Haus der Lesegesellschaft** ➡ aB4 (Reading Society) vorbei. Die Bibliothek der 1836 gegründeten ersten kulturellen Vereinigung Griechenlands umfasst über 35 000 alte Bücher, Landkarten und Stiche.

Gleich darauf ist die ❶ **Esplanade** ➡ aB–D4 erreicht. Der über 500 Meter lange und fast 200 Meter breite Hauptplatz der Stadt trennt die Alte Festung von der Altstadt Korfus. Die Esplanade blieb in venezianischer Zeit aus militärtaktischen Gründen unbebaut: Belagerer fanden hier keinerlei Deckung. Zugleich war sie der Exerzierplatz der Venezianer. Heute fungiert die südliche Hälfte der Esplanade als Park, die nördliche als Parkplatz und Rasen fürs Cricket. Die Briten führten das Spiel vor etwa 200 Jahren ein, die Korfioten spielen es als einzige Griechen noch heute. Durchschnitten wird die Esplanade von der Odós Viktóros Dousmáni, über die man von der Brücke, die zur Alten Festung führt, zur Odós N. Theotóki, der historischen und heutigen Haupteinkaufsgasse der Altstadt, gelangt.

Am besten setzt man sich an der Nordhälfte der Esplanade erst mal in eins der vielen Straßencafés unter und vor den **Arkaden** des Liston oder macht dahinter im **Rex** eine Mittagspause mit feiner griechischer Küche. Die Arkaden wurden 1807–20 nach Plänen des französischen Architekten Baron Mathieu de Lesseps errichtet, dessen Sohn Ferdinand später zum Erbauer des Suez-Kanals wurde.

Den nördlichen Abschluss der Esplanade bildet der **Alte Palast** ➡ aB4, auch Palast St. Michael und St. George genannt, der während der britischen Herrschaft (1815–64) als Sitz der britischen Gouverneure der Ionischen Inseln, der Lord High Commissioners, diente. Die Kalksteinblöcke für seine Errichtung importierte man aus dem ebenfalls gerade britisch gewordenen Malta – und 2000 Malteser als Steinmetze und Bauarbeiter gleich dazu. Viele blieben nach der Fertigstellung des Palastes auf Korfu. Ihre Nachkommen sind zwar völlig gräzisiert, bilden aber

Die nördliche Hälfte der Esplanade von Korfu-Stadt bietet viel Platz für Cricket

immer noch den Kern der etwa 2000 Seelen umfassenden römisch-katholischen Inselgemeinde. Nach dem Anschluss Korfus an das befreite Griechenland im Jahr 1864 ging der Palast in den Besitz der griechischen Krone über. Einige der Repräsentationsräume des Palastes einschließlich Thronsaal können besichtigt werden.

Außerdem beherbergt der Palast in 18 Räumen das einzige griechische **Museum der Asiatischen Kunst**. Die ausgestellten Objekte aus China, Nepal, Tibet, Indochina und Indien sind Stiftungen wohlhabender griechischer Sammler. In einem Anbau auf der Ostseite des Palastes ist die **Städtische Gemäldegalerie** untergebracht. Auf der Terrasse darunter liegt der kleine **Schlossgarten** mit schönem Blick entlang der Küste und hinüber zur Alten Festung sowie einem erst 2008 aufgestellten modernen Denkmal. Es erinnert an die Ermordung von über 100 italienischen Offizieren durch die deutsche Wehrmacht, nachdem Italien im Zweiten Weltkrieg im Anschluss an den Tod des faschistischen Diktators Mussolini die Seiten gewechselt hatte.

Auf diesen kleinen Schlossgarten folgt in Richtung Alte Festung eine weitere kleine Grünfläche, **Boschetto** ➡ aB/C4 genannt. Hier stehen die Statue des britischen Hochkommissars Lord Guilford und eine bronzene Büste des britischen Autors und Tierfilmers Gerald Durrell (s. u.).

Eine Statue des sächsischen Reichsgrafen Johann von der Schulenburg (1661–1747) erinnert dann vor der Brücke hinüber zur Alten Festung an den venezianischen Söldner, der Korfu mit seinen Truppen im Jahr 1716 erfolgreich gegen die Türken verteidigte. Schon ein Jahr später erwies man ihm die außergewöhnliche Ehre, noch zu Lebzeiten ein Denkmal zu erhalten.

Eine von den Briten erbaute steinerne Brücke führt nach Passieren des Kassenhäuschens über den Contrefossa genannten Wassergraben, in dem heute kleine Freizeitboote der Einheimischen liegen, zur **Alten Festung** ➡ aB4–C6. In venezianischer Zeit überspannte den Graben eine hölzerne Zugbrücke. Im sich anschließenden Festungstor sind ein

Die Durrells auf Korfu

Gedenktafel für Lawrence Durell auf Korfu

Den englischen Brüdern Gerald und Lawrence Durrell hat Korfu einen Teil seines touristischen Erfolgs zu verdanken. Von 1933 bis 1937 lebten die beiden mit ihrer Mutter auf der Insel. Lawrence (1912–90) wurde später als Literat und Dichter weltberühmt, Gerald (1925–95) vor allem als Tierfilmer und Zoodirektor auf der Kanalinsel Jersey. Beide haben über Korfu geschrieben: Lawrence in »Schwarze Oliven« sehr ernsthaft und literarisch, Gerald in »Meine Familie und anderes Getier« eher autobiografisch und sehr humorvoll. Geralds Bestseller wurde 1987 von der BBC als Zehnteiler ausgestrahlt und warb für die Schönheit der Insel. Der Privatsender ITV machte 2016–18 sogar eine Serie in drei Staffeln daraus und schenkte Korfu so eine Art Dauerwerbung im Vereinigten Königreich. Auf Deutsch wurden die Folgen leider bisher nicht synchronisiert, aber die beiden Buchvorlagen sind als Übersetzungen erhältlich.

Die Kirche Ágios Geórgios im Stil eines antiken Tempels im Inneren der Alten Festung

großer Museumsladen der staatlichen Altertümerverwaltung und eine kleine archäologische Ausstellung untergebracht. Diese zeigt Teile eines frühchristlichen Bodenmosaiks und Freskenreste aus dem 11. bis 17. Jahrhundert.

Nun steht man im Inneren der Festung, die eine Halbinsel mit zwei Felsspitzen von 51 und 65 Meter Höhe einnimmt. Den westlichen der beiden Gipfel kann man besteigen. Die Ursprünge der Festung gehen auf das 9./10. Jahrhundert zurück. Die Venezianer bauten sie gewaltig aus, die Briten nutzten sie später weiter und erbauten innerhalb der Festungsmauern zahlreiche Kasernen, ein Hospital und die **Kirche Ágios Geórgios** ➡ aC2 im Stil eines antiken Tempels. Nahe der Kirche kann man in einem modernen Café den ganzen Tag und Abend über aussichtsreich sitzen.

Zurück auf der Esplanade steht südlich der den Platz durchschneidenden Odós Viktóros Dousmáni an einem halbrunden gepflasterten Platz das **Énosis-Denkmal** ➡ aC/D4. Es erinnert an die Vereinigung Korfus und der Ionischen Inseln mit dem befreiten griechischen Mutterland im Jahr 1864. Sieben Bronzereliefs zeigen die Symbole der Inseln. Für Korfu steht das Phäakenschiff, das König Alkinoos Odysseus zur Verfügung stellte, um damit in seine Heimat Ithaka zurückzukehren.

In der Südostecke der Esplanade erwartet ein antik aussehendes Rundtempelchen mit 20 Säulen, die **Maitlands-Rotonda** ➡ aD4, den Besucher. Sir Thomas Maitland, der erste britische Lordhochkommissar, ließ es über einer Zisterne errichten, die Teil des von ihm initiierten neuen Wasserversorgungssystems der Stadt war. Dieser Rotunde gegenüber erhebt sich das Hotel Cavalieri mit einem ab dem frühen Abend geöffneten Dachgartencafé und -restaurant, das einen sehr schönen Blick über die gesamte Altstadt, aufs Meer und die grünen korfiotischen Hügel gewährt.

Gleich rechts neben dem Hotel Cavalieri führt eine typische schmale Altstadtgasse zur Odós Guilford, einer der Hauptachsen der Altstadt. Vorbei an kleinen Läden und Lokalen bummelt man nun zum Rathausplatz, der Platía Dimarchíou. Das historische **Rathaus** ➡ aC3 war zunächst als Loggia eine Art Clubhaus des venezianischen Adels. Im Jahr

Der Turm der Ágios Spirídonos ragt in der Altstadt empor

1720 erhielt es ein Obergeschoss und wurde zum Theater umfunktioniert, 1903 dann zum Sitz der Stadtverwaltung. Dem Rathaus schräg gegenüber erhebt sich die den Heilgen Jacobus und Christophorus geweihte katholische **Bischofskirche** ➡ aC3 aus dem Jahr 1658.

Hinterm Rathaus führt die ladenreiche Gasse E. Vulgaréos nach rechts wieder zur Esplanade. Hier wendet man sich nach links und biegt dann links ein in die Odós N. Theotóki, die prächtige Haupteinkaufs- und -flaniermeile der Altstadt. Nach wenigen Metern macht links das **Casa Parlante** ➡ aC3 auf sich aufmerksam. Hier wird Besuchern anschaulich und unterhaltsam gezeigt, wie eine wohlhabende korfiotische Familie im 19. Jahrhundert gelebt hat.

Kurz darauf öffnet sich auf der rechten Seite ein kleiner Platz, die Platía Iróon Kipriakoú Ágona. An ihr stehen drei Kirchen und der historische Bau der Ionian Bank, das älteste Bankgebäude Griechenlands. Noch bis 1920 durfte die Ionian Bank als einzige Privatbank des Landes eigene Banknoten drucken, die in ganz Hellas gültig waren. Im Obergeschoss erzählt das **Banknotenmuseum** ➡ aB3 die Geschichte der 2002 abgeschafften Drachme als Nationalwährung. Die beiden kleinen Kirchen direkt am Platz sind die um 1510 errichtete Ágios Ioánnis Pródromos und die Panagía ton Xénon von 1689. Beide sind tagsüber zumeist geöffnet, ein kurzer Blick hinein dürfte genügen.

Mehr Zeit sollte man sich für **Ágios Spirídonos** ➡ aB3, die bedeutendste Kirche der Insel, nehmen. Vom Platz aus führen einige wenige Stufen zu ihr hinauf. Das Gotteshaus ist dem hl. Spirídon geweiht, dem Schutzpatron der Insel (vgl. S. 17). Interessant ist es hier auch, das bunte Treiben der Pilger zu beobachten. Den Heiligen in Aktion zeigen die drei großen Deckengemälde. Vorn ist Spirídon auf dem Konzil von Nikäa im Jahr 325 zu sehen, in der Mitte beim Abhalten eines Gottesdienstes mit Engeln und hinten als Wunderheiler des byzantinischen Kaisers Konstans.

Bevor man nun zum Verkehrsknotenpunkt Platía Sarocco zurückkehrt, lohnt sich ein planloser Streifzug durch das Viertel **Cambiello** ➡ aB3. Hier ist die Altstadt völlig untouristisch geblieben. Zwischen fünf- und sechsgeschossigen historischen Mietshäusern hängt Wäsche über den engen Gassen, Katzen streifen umher. Läden, Cafés und Restaurants gibt es kaum, nur wenige Menschen sind hier unterwegs. Am einfachsten erreicht man das Viertel, wenn man die Spirídonos-Kirche auf ihrer Nordseite verlässt, sich dann nach links und kurz darauf nach rechts wendet. An mehreren Geschäften mit Olivenholzprodukten vorbei und über ein paar Stufen gelangt man so ins Cambiello hinein.

Hier befindet sich auch die **Agía Theódora** ➡ aB3, die Bischofskirche der Stadt. In einer Kapelle rechts vom Altar werden die Gebeine der byzantinischen Kaiserin Theódora verehrt, die im Jahr 843 den byzantinischen Bürgerkrieg um die Frage der Rechtmäßigkeit der Ikonenverehrung im Sinne der Bilderfreunde beendete. Darum wird sie auf vielen Ikonen in dieser Kirche mit einer Marienikone in der Hand dargestellt.

Zurück auf der **Platía Sarocco** ➡ aD2 können Romantiker, die gut zu Fuß sind, noch den hin und zurück etwa zweieinhalb Kilometer langen Abstecher über die Odós M. Methodíou zum **Britischen Friedhof** ➡ südl. aD2 unternehmen. Mit seinem alten Baumbestand gleicht er einem naturnahen Park. Alte Grabsteine erzählen in aller Kürze Lebensgeschichten, auch einige Gräber deutscher Seeleute aus der Zeit vor dem Ersten Weltkrieg sind zu finden. Im Frühjahr und Frühsommer sprießen hier zahlreiche Orchideen.

Korfu und der heilige Spirídon

»Das Leben des hl. Spirídon«, Ausschnitt eines Gemäldes von Poulakis Theodoros (1620–92)

Spirídon wurde um 270 n. Chr. im damals noch heidnischen, von den Römern beherrschten Zypern als Bauernsohn geboren. Er wurde Mönch und schließlich sogar Bischof, nahm im Jahr 325 am Ökumenischen Konzil von Nicäa teil und vollbrachte dort seine ersten Wunder. Nach seinem Tod um 350 verehrten ihn die zyprischen Christen bald als Heiligen. Als gut 300 Jahre später die Araber über Zypern herfielen, brachte man seinen unverwesten Leichnam als Reliquie in die sichere Reichshauptstadt Konstantinopel, wo bereits viele andere Heilige versammelt waren. 1453 war dann eine erneute Flucht angesagt: Die Türken hatten Byzanz erobert. Ein Priester brachte Spirídon zusammen mit den Reliquien der hl. Theódora (s. o.) nach Korfu. Eine adlige Familie erwarb den Leichnam des Heiligen und stiftete ihm eine Kapelle. Nach kurzer Eingewöhnungszeit erwies sich Spirídon bald als Beschützer der Insel: 1550 errettete er die Insulaner von einer Hungersnot. Man erbaute ihm seine heutige Kirche. 1629 und 1673 erlöste der hl. Spirídon dann die Korfioten von der Pest und am 11. August 1716 vollbrachte er sein wichtigsten Wunder: Er sorgte für den überraschenden Abbruch einer großen türkischen Belagerung. Unter die Obhut der Kirche gelangte sein Leichnam dann aber erst 1968 – nicht durch Schenkung, sondern durch Enteignung. Als wundertätig gilt der hl. Spirídon noch immer – und damit er die Insel auch weiterhin beschützt, trägt man ihn viermal im Jahr in einer großen, feierlichen Prozession durch die Stadt, auf dass sich sein Segen schützend über sie lege.

Von der Neustadt nach Kanóni

Platía Sarocco – Archäologisches Museum – Ágii Jáson ke Sossípatros – Ágios Efthímios – Ágii Theodóri – Artemis-Tempel – Schlosspark Mon Repos mit Paleópolis-Museum – Kanóni – Kloster Vlachérna – Pontikoníssi.

Von der Ostseite der **Platía Sarocco** ➡ aD2 gelangt man auf dem schattigen Boulevard Leofóros Aléxandras ans Meer hinunter. Am Ufer angekommen wendet man sich nach links und erreicht kurz darauf das **Archäologische Museum** ➡ H5 der Insel. Das eindrucksvollste Ausstellungsobjekt ist ein Giebel vom archaischen Artemis-Tempel der antiken Stadt Paleópolis, den der deutsche Archäologe Wilhelm Dörpfeld im Beisein von Kaiser Wilhelm II. kurz vor dem Ersten Weltkrieg freilegte. Im Zentrum des Giebels kniet in einer Art Laufschritt die Gorgone Medusa. Zwei lebende Schlangen trägt sie als Gürtel, auch aus ihrem Haar züngeln Schlangen hervor. Ihr Gesicht gleicht einer furchterregenden Fratze mit riesigen Augen. Ursprünglich war die Figur wie der gesamte Tempel in grellen Farben bemalt. Wahrscheinlich sollte der Anblick der Medusa Blitze und andere Übel vom Tempel fernhalten. Etwa 80 Jahre jünger als dieses um 590 v. Chr. geschaffene Kunstwerk ist der kleinere Figaretto-Giebel, dessen Hauptfigur Dionysos ist, der antike griechische Gott der Fruchtbarkeit, des Weins und des Theaters. Meisterlich sind auch die Skulptur eines liegenden Löwen aus dem 7. Jahrhundert v. Chr. und mehrere einst als Wasserspeier an Tempeln dienende Löwenköpfe aus dem 4. Jahrhundert v. Chr.

Vom Museum kann man immer am Meer entlang zum Stadtteil **Garítsa** schlendern, wo zwei Café-Restaurants an einer restaurierten Windmühle zur Rast mit schönem Blick hinüber zur Alten Festung und zum Festland einladen. Im Strandbad Mon Repos kann man hier sogar baden.

Links am Hotel Mayor Mon Repos Palace entlang führt eine Gasse zu einer der ältesten Inselkirchen, der **Ágii Jáson ke Sossípatros.** Zwar ist sie meist geschlossen, doch lohnt der Weg schon für den Anblick von außen. Architektur und Mauerwerk sind ein Musterbeispiel klassischer

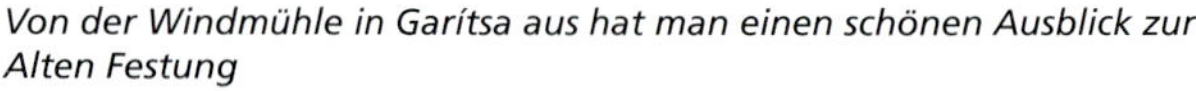

Von der Windmühle in Garítsa aus hat man einen schönen Ausblick zur Alten Festung

Eine der ältesten Inselkirchen: Ágii Jáson ke Sossípatros

byzantinischer Sakralarchitektur. Zwischen zumeist von antiken Bauten stammenden Steinquadern verlaufen kunstvolle Ziegelsteinbänder im Zickzack oder in Form kufischer Buchstaben, die die Initialen von Jesus Christus bilden: IC.

Etwas oberhalb des Wegs zum Schlosspark liegt das noch von Nonnen bewohnte kleine Kloster **Ágios Efthímios,** das sehr ländlich wirkt. Die Schwestern halten Ziegen und Hühner, im kleinen Innenhof blühen zahlreiche Blumen und Sträucher. Einen schönen Blick auf die Rückseite des Klosters hat man später noch einmal nach dem Passieren des Parkeingangs von Mon Repos.

Dieser ist nur zwei Minuten vom Klosterausgang entfernt. Bevor man den Park betritt, kann man auch in der Umgebung weiteren Spuren der antiken Stadt (griech. Paleópolis) begegnen. Dem Parkeingang gegenüber führt die Odós Derpfeld in etwa zehn Minuten zum Nonnenkloster **Ágii Theodóri,** das in seiner jetzigen Form aus dem 17./18. Jahrhundert stammt. Die Klosterkirche besteht zum Teil aus den Mauern einer frühchristlichen Basilika aus dem 5. Jahrhundert, für deren Bau wiederum viele Quader des antiken Artemis-Tempels verwendet wurden.

Die Grundmauern des **Artemis-Tempels** legten deutsche Archäologen 1911–14 unmittelbar vor den Klostermauern frei. Erkennbar sind noch die Ausmaße des Tempels: Er war über 47 Meter lang und 22 Meter breit. Tieropfer wurden nicht im Tempel, sondern auf einem noch gut erkennbaren gemauerten Altar vor dem Tempel dargebracht.

Zurück zum Parkeingang: Ihm gegenüber ragen die Wände einer jetzt dachlosen, einschiffigen Hallenkirche aus dem 12./13. Jahrhundert noch in voller Höhe auf. Die Kirche wurde über den Ruinen einer frühchristlichen Basilika aus dem 6. Jahrhundert errichtet. Besonders schön sind elf Löwenköpfe an den Längswänden, die wahrschein-

Das klassizistische Schloss Mon Repos: Geburtsort von Prinz Philip, Ehemann von Queen Elizabeth II.

lich von einem antiken Tempel aus dem 4. Jh. v. Chr. stammen, der im Schlosspark Mon Repos stand. Schräg gegenüber dieser Ruine der **Basilika von Paleópolis** markiert ein modernes Schutzdach die Ausgrabungen einer römischen Thermenanlage.

Nun aber hinein in den **Schlosspark Mon Repos**, den schönsten Park aller Ionischen Inseln. Viele der Bäume hier wurden schon vor über 180 Jahren gepflanzt, alles wirkt leicht verwildert. Eine schmale, für den öffentlichen Verkehr gesperrte Straße führt hinauf zum kleinen **Schloss Mon Repos**, das sich der britische Lordhochkommissar Sir Frederick Adam 1831 im klassizistischen Stil errichten ließ. Nach dem Anschluss der Ionischen Inseln an Griechenland ging es 1864 in den Besitz des griechischen Königshauses über. 1921 wurde hier Prinz Philip, der Gemahl der britischen Königin Elizabeth II., geboren. Seit 1975 gehört das Gebäude dem griechischen Staat und heute beherbergt es das **Paleópolis-Museum**. Ausgestellt sind antike Möbel aus dem 19. Jahrhundert, Kleinfunde von den archäologischen Stätten auf dem Gebiet der antiken Inselhauptstadt Paleópolis sowie Porträts und Büsten einstiger Schlossherren. In einem Saal wird die Pflanzenwelt der Halbinsel Análipsis präsentiert, in einem anderen ein großes Modell der heutigen Stadt. Besonders interessant sind eine Ausstellung zum Badebetrieb in antiken Thermen und historische Fotos von verschiedenen archäologischen Grabungskampagnen sowie von Korfu in den Jahren 1856–60.

Ein insgesamt etwa 45-minütiger Parkspaziergang führt zu den Überresten zweier antiker Tempel. Auf dem Gebiet des heutigen Parks lag wohl die Akropolis der antiken Stadt. Von einem **Hera-Tempel** aus der Zeit um 600 v. Chr., der nach einem Brand Anfang des 4. Jahrhunderts noch einmal aufgebaut wurde, sind nur noch spärliche Mauerreste zu sehen. Sehr viel eindrucksvoller ist der sehr idyllisch im Grünen gelegene **Kardáki-Tempel** (um 510 v. Chr.), von dem einige seiner einst 32 monolithischen Säulen wieder aufgerichtet wurden.

Vor dem Eingang zum Schlosspark hält die Stadtbuslinie 2, die nach ② **Kanóni** ➡ H5 fährt. Zu Fuß zu gehen empfiehlt sich nicht, da man auf einer schmalen, viel befahrenen Straße laufen müsste. Die **Kanone,** nach der das Kap der Halbinsel Análipsis benannt wurde, steht direkt am Buswendeplatz. Sie stammt aus der napoleonischen Besatzungszeit.

Ein gemütliches Café bietet einen schönen Blick hinunter auf die beiden dem Kap vorgelagerten Inselchen Vlachérna und Pontikoníssi – das klassische Postkartenmotiv der Insel. Wer beim Landeanflug aus südlicher Richtung rechts im Flugzeug saß, hat die Inseln ganz kurz vor dem Aufsetzen schon aus dem Kabinenfenster gesehen. Vom Café aus kann man nun landende Flugzeuge ganz aus der Nähe sehen – und fotografieren. Sie setzen fast unmittelbar unterhalb der Terrasse auf.

Die beiden Inselchen kann man auch besuchen. Auf **Vlachérna** ➡ H/J5, das über einen kurzen Damm zu erreichen ist, steht das kleine, nicht mehr bewohnte **Kloster Vlachérna** aus der Zeit um 1700. Vom Damm aus starten Motorboote zur kurzen Überfahrt nach **Pontikoníssi** ➡ J5, einem einstigen Lieblingsort der österreichischen Kaiserin Elisabeth (Sisi). Dem Vernehmen nach ist sie meist hierher geschwommen und saß dann gern im Schatten der Zypressen vor der byzantinischen Kirche aus dem 11./12. Jahrhundert. Eine Gedenktafel an der Kirchenwand erinnert an diese »Königin der Herzen«. Nüchterne Kunsthistoriker halten das byzantinische Mauerwerk, in das Spolien eines frühchristlichen Vorgängerbaus eingearbeitet sind, für bemerkenswerter.

Von Kanóni fährt die Stadtbuslinie 2 zur Esplanade. Wer den landenden Flugzeugen noch näher kommen will, kann auch über den Damm, der die Flughafenlagune vom offenen Meer trennt, nach Pérama laufen. Von dort kommt man dann mit der Stadtbuslinie 6 zur Platía Sarocco oder in den Badeort Benítses.

Bekanntes Korfu-Motiv: das leer stehende Kloster Vlachérna, das über einen kleinen Damm zu erreichen ist

Service-Informationen Korfu-Stadt

Es gibt weder in Korfu-Stadt noch in einem anderen Ort auf der Insel eine Tourist Information.

Fernbusbahnhof ➡ H5
Green Buses
Leofóros Eptanisoú
✆ 26 61 02 89 00
greenbuses.gr
Vom Fernbusbahnhof an der Umgehungsstraße aus fahren Busse in fast alle Inseldörfer sowie nach Athen und Thessaloníki auf dem Festland. Fahrpläne und -preise findet man auf der Website des Unternehmens. Die Tickets sind sehr preiswert. Fahrkarten kauft man am Fernbusbahnhof oder beim Fahrer.

Innerstädtische Busse ➡ aD2
Astiko KTEL Kérkyras
Odós M. Methodíou 2
✆ 26 61 03 15 95
astikoktelkerkyras.gr
Zahlreiche Busse verkehren auf verschiedenen Linien innerhalb der Stadt und zu nahe gelegenen Orten an der Küste und im Binnenland. Für Urlauber am wichtigsten sind die Linien 6 (nach Benítses), 7 (nach Ípsos), 10 (zum Achíllion), 11 (nach Pélekas) sowie 15 (zum Fernbusbahnhof und zum Flughafen). Alle Linien haben ihren Start- und Endpunkt an der Platía Sarocco – außer der Buslinie 2a, die die Esplanade mit Paleópolis und Kanóni verbindet.

Tickets kauft man am Fahrkartenautomaten oder am KTEL-Kiosk an der Platía Sarocco sowie – geringfügig teurer – beim Fahrer im Bus. Es gibt zwei Preisstufen: Zone 1 und Zone 2. Studenten und Schüler erhalten Ermäßigungen. Außerdem gibt es ein Tagesticket. Fahrpläne und Liniendiagramme findet man auf der Website.

Eines der bedeutendsten Exponate des Archäologischen Museums: der Gorgo-Giebel des Artemis-Tempels

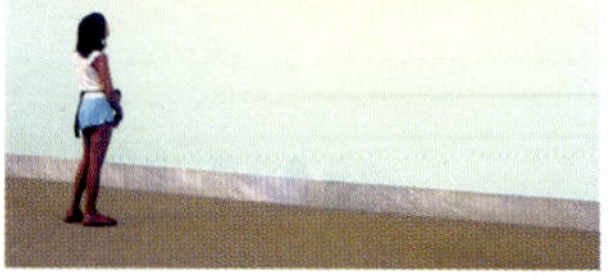

Parkplätze ➡ aB4, aA2
Gebührenpflichtige Großparkplätze befinden sich auf der Nordhälfte der Esplanade und am Alten Hafen. Einen freien Platz zu finden ist schwer.

Kutschfahrten ➡ aC4
Odós V. Dousmáni, Altstadt
An der die Esplanade durchschneidenden Straße warten vor der Alten Festung Einspänner mit ihren Kutschern auf Gäste.

Trenáki ➡ aC4
Odós V. Dousmáni
Altstadt
Auf der Altstadtseite der die Esplanade durchschneidenden Straße lädt ein offener Minizug auf Gummirädern zu 40-minütigen Rundfahrten bis nach Garítsa ein. Dabei passiert er auch die Uferstraße, doch übermäßig interessant ist die Strecke nicht.

Archäologisches Museum
➡ H5
Odós Vréla Arméni 1
Neustadt
✆ 26 61 03 06 80
archaeologicalmuseums.gr

Café vor dem Banknotenmuseum im Gebäude der Ionischen Bank (l.) in Korfu-Stadt

Archäologische Funde aus ganz Korfu, vorwiegend jedoch aus dem Gebiet der antiken Stadt auf der Halbinsel Análipsis.

🏛 **Banknotenmuseum** ➡ aB3
Platía Iróon Kipriakoú Ágona
Altstadt
✆ 26 61 04 15 22
www.alphapolitismos.gr
Eintritt frei
Die Ausstellung im Obergeschoss der Ionian Bank erzählt die Geschichte der Drachme von der Gründung des neugriechischen Staats 1930 bis zur Einführung des Euro 2002. Auch Noten aus der Zeit der deutschen Besatzung während des Zweiten Weltkriegs sind zu sehen.

🏛 **Byzantinisches Museum**
➡ aA3
Odós Arseníou, Altstadt
✆ 26 61 03 83 13
www.antivouniotissamuseum.gr
Wertvolle Ikonen aus dem 15.–18. Jh. hängen an den Wänden des Umgangs und des Innenraums, als Untermalung erklingen typisch byzantinisch-orthodoxe Gesänge vom Band. Die im 15. Jh. errichtete Kirche war noch bis 1979 in Privatbesitz.

Die Website ist empfehlenswert: gute Fotos von fast allen ausgestellten Ikonen und sehr guter englischer Text.

🏛 **Casa Parlante** ➡ aC3
Odós N. Theotóki 16
Altstadt
✆ 26 61 04 91 90
casaparlante.gr
Mit lebensgroßen, beweglichen Puppen wird in einem im Stil des 19. Jh. möblierten Haus amüsant und einfallsreich gezeigt, wie eine wohlhabende Familie vor rund 150 Jahren auf Korfu gelebt hat. Die meist auch deutschsprachige Führung dauert etwa 25 Minuten.

Museum der Asiatischen Kunst im ehemaligen Gouverneurspalast von Korfu-Stadt

Museum der Asiatischen Kunst ➡ aB4
Alter Palast, Nordseite der Esplanade, Altstadt
✆ 26 61 03 04 43, matk.gr
Von Afghanistan bis Japan reicht das geografische Spektrum der ausgestellten Objekte aus drei Jahrtausenden. Beschriftungen auf Englisch und Griechisch.

Solomós-Museum ➡ aA3
Odós Donzelot/Odós K. Dafní & Th. Makrí 2, Altstadt
✆ 26 61 03 06 74
eksmouseiosolomou.gr
Altmodisches Museum mit Erinnerungsstücken an den griechischen Dichter Dionýsios Solomós (1798–1857), der als Nationaldichter Griechenlands gilt.

Städtische Pinakothek ➡ aB4
Nebengebäude des Alten Palasts
An der Nordseite der Esplanade
Altstadt
✆ 26 61 03 95 53
Werke griechischer Künstler aus dem 19. und 20. Jh. Von überregionaler Bedeutung sind fünf Ikonen des kretisch-venezianischen Ikonenmalers Michaíl Damaskínos aus dem späten 16. Jh.

Agía Theódora/Mitrópolis ➡ aB3
Odós Vitzaroú Kiriakí
Altstadt
Eintritt frei
Das Gotteshaus wurde 1577 erbaut und ist seit 1841 orthodoxe Bischofskirche der Stadt.

Ágii Jáson ke Sossípatros ➡ H5
Zwischen Odós Agíou Iasónou ke Sossípatrou und Odós Em. Theotóki, Garítsa
Nur sporadisch geöffnet
Eintritt frei
Typisch byzantinische Kirche aus dem 11. Jh., die ursprünglich wahrscheinlich zu einem Kloster gehörte.

Ágii Theódori ➡ H5
Odós Derpfeld, Paleópolis
Nonnenkloster aus dem 17./18. Jh. im antiken heiligen Bezirk der Göttin Artemis.

Ágios Efthímios ➡ H5
Odós Em. Theotóki
Garítsa
Eintritt frei
Das kleine Nonnenkloster verzaubert durch seinen blütenreichen Innenhof.

Ágios Spirídonos ➡ aB3
Zwischen Platía Iróon Kipriakoú Ágona und Odós Ágios Spirídonos, Altstadt
Eintritt frei
Der 1596 errichtete Campanile ist mit seiner roten Haube das weithin sichtbare Wahrzeichen der Stadt. In der 1574 geweihten und 1852 neu ausgemalten Kirche werden in der Kapelle rechts vom Altarraum die Gebeine des Inselheiligen verehrt. Den ganzen Tag über kommen viele Gläubige und Pilger aus der ganzen orthodoxen Welt, gegen 18 Uhr verliest ein Priester am Reliquienschrein ihre auf Zettel niedergeschriebenen Gebete.

Alte Festung ➡ aB4–C6
Zugang an der Ostseite der Esplanade, Altstadt
✆ 26 61 04 81 20
In der bedeutendsten venezianischen Festung Korfus haben die Briten heute teilweise von der Universität genutzte Kasernen errichtet. Vom vorderen der beiden Felsgipfel aus genießt man einen schönen Rundumblick, ein modernes Café-Restaurant lädt zur Entschleunigung ein.

Artemis-Tempel ➡ H5
Odós Derpfeld, Paleópolis
Frei einsehbar

Kanone in der Alten Festung von Korfu-Stadt

Einer der ältesten Tempel Griechenlands (um 590 v. Chr.), aber nur noch im Grundriss erkennbar. Eher für archäologisch sehr Interessierte zu empfehlen.

Basilika von Paleópolis ➡ H5
Odós Paleópolis, gegenüber vom Eingang zum Schlosspark Mon Repos, Paleópolis
Frei einsehbar, sporadisch auch geöffnet
Die eindrucksvolle Kirchenruine ist das Ergebnis von mehrfacher Zerstörung und jeweiligem Neuaufbau. Im späten 5. Jh. entstand hier eine fünfschiffige Basilika, die nach ihrer Zerstörung im 9. oder 10. Jh. als dreischiffige Basilika wieder errichtet wurde. Diese wurde im 12. Jh. zerstört

Die Alte Festung in Korfu-Stadt ist ganz von Wasser umgeben

In der Fabrik Patoúnis werden die Seifen noch liebevoll von Hand hergestellt

und gleich wieder in der heute erkennbaren einschiffigen Form aufgebaut. Letzte Schäden erfuhr die Kirche noch im Zweiten Weltkrieg, als Bomben die bis dahin erhaltene Apsis in Schutt und Asche legten.

Britischer Friedhof
➡ südl. aD2
Eingang an der Odós Kolokotróni
Neustadt
Tagsüber frei zugänglich
Wildromantisch, mit Grabsteinen aus dem 19. und frühen 20. Jh.

Haus der Lesegesellschaft/ Reading Society ➡ aB4
Odós Kapodistríou 120
Altstadt
✆ 26 61 03 95 28
anagnostiki-etairia-kerkyras.eu
Eintritt frei (auf Führer warten!)
Besucher werden von einem Mitglied der Gesellschaft durchs Haus geführt. Regelmäßig finden öffentliche Vorträge, Lesungen oder auch Konzerte in diesem stilvollen historischen Ambiente statt.

Holocaust-Denkmal ➡ aB2
Platía Néou Froúriou
Altstadt
Frei zugänglich
Das Monument zeigt eine nackte jüdische Familie: Der kleine Sohn schmiegt sich schutzsuchend an den Körper des Vaters, der – wie auch die ein zweites Kind auf ihrem Arm tragende Mutter – seine Innenhandflächen zum Zeichen der Unschuld und Wehrlosigkeit vorstreckt und damit die Katastrophe abzuwehren sucht.

Neue Festung
➡ aA1–C2
Eingang an der Odós D. Solomoú
Altstadt
Eintritt frei
Im 16. Jh. von den Venezianern errichtete Festung mit Café am höchsten Punkt, gelegentlich Kunstausstellungen. Toller Ausblick über die Stadt.

Schloss und Park Mon Repos ➡ H5
Odós Paleópolis, Paleópolis
✆ 26 61 04 83 10
odysseus.culture.gr
Park tagsüber geöffnet und Eintritt frei
Der älteste und schönste Park der Insel mit viel altem Baumbestand beherbergt die Ruinen zweier antiker Tempel und das eher wie eine stattliche Villa wirkende Schlösschen aus den 1830er Jahren. In diesem wird heute eine bunt gemischte Sammlung aus antiken Funden, Möbeln im Regency-Stil und anderem mehr gezeigt.

Seifenfabrik Patoúnis
➡ aC2
Platía Sarocco/Odós I. Theotóki 9
Neustadt
✆ 26 61 03 98 06
www.patounis.gr
Eintritt frei
Hier erfährt man, wie Olivenseife hergestellt wird, darf Siedebot-

tiche und Trockengestelle fotografieren und kann verschiedene Seifensorten erwerben.

Synagoge ➡ aB2
Odós Velissáriou 4, Altstadt
Eintritt frei
Zweigeschossiger Bau mit Innenhof aus dem 17. Jh. Die Ruine auf dem Nachbargrundstück war einst die jüdische Schule.

Cavalieri Roof Garden ➡ aD4
Odós Kapodistríou 4
Altstadt
✆ 26 61 03 90 41
cavalierihotel.gr
Das moderne Café-Restaurant auf dem Hotel Cavalieri ist der ideale Platz für einen Sundowner, ein Eis oder ein leichtes Abendessen über den Dächern der Stadt. €€€

Venetian Well ➡ aB3
Platía Kremastí
Altstadt
✆ 26 61 55 09 55
venetianwell.gr
Eines der vornehmsten und besten Restaurants der Stadt liegt etwas versteckt im Cambiello-Viertel. Man sitzt auf der winzigen Platía gleich neben einem Brunnen aus venezianischer Zeit. Die Inhaber verwöhnen Feinschmecker mit internationaler Küche. Sehr umfangreich ist die Weinkarte, die die edelsten Tropfen aus Griechenland und aller Welt umfasst. €€€

En Plo ➡ aA4
Faliráki, Altstadt
✆ 26 61 08 18 13
www.enplocorfu.com
Yachten, Fähren und Kreuzfahrtschiffe ziehen zum Greifen nah an der Terrasse des modernen Café-Restaurants vorbei. €€

La Tabernita ➡ aB2
Odós D. Solomoú 31
Altstadt
✆ 26 61 04 23 28
www.latabernita.gr
Das Gartenrestaurant unterhalb der Mauern der Neuen Festung ist ein sehr relaxter Ort, an dem man auch gern nur für einen Drink, z. B. einen Cocktail, einkehren kann. Die Küche ist mexikanisch und griechisch, gute Steaks kommen vom Grill. €€

Restaurant mit Ausblick: En Plo

Roúvas ➡ aC2
Odós Stram. Dessíla 13
Neustadt
✆ 26 61 03 11 82
Die letzte typische Markttaverne der Stadt bietet nur Innenplätze. Serviert wird ausschließlich, was Marktbeschickern und -besuchern schmeckt. Viele Gerichte können vor der Bestellung am Warmhaltetresen begutachtet werden. €

Es gibt in der Stadt zwar viele Konditoreien und Bäcker, doch nur wenige bieten auch Sitzplätze an. Die meisten Korfioten nehmen Kuchen und Torten mit nach Hause oder zur Arbeit.

Kritikós ➡ aC3
Dimarchou Kolla 11, Altstadt
✆ 26 61 04 04 44
kpastry.gr
Diese Konditorei bietet innen auch Tische und Stühle. Neben Torten und Kuchen gibt es viel orientalisches Gebäck wie *kataífi* und *baklavá*. Typisch griechisch ist der Walnusskuchen *karidópitta*.

Starenio ➡ aC3
Odós Guilford 59, Altstadt
✆ 26 61 04 73 70
starenio.business.site
Auch hier dominiert Take-away, aber auf der Gasse stehen meist zwei bis drei Tischlein. Brot schmeckt kaum irgendwo auf der Insel besser als hier, bei der Füllung von Blätterteigpasteten erweist man sich als besonders kreativ.

Bakalógatos ➡ aB2
Odós Prosaléndou/Odós Alipíou 23
Altstadt
✆ 26 61 30 17 21
www.mpakalogatos.com
Das kleine, traditionell möblierte Lokal bezeichnet sich als *Tsipourádiko*, eine Art Kneipe, in der zu kleinen Häppchen überwiegend der Tresterschnaps Rakí getrunken wird. Bier, Wein und Ouzo werden jedoch ebenfalls serviert. Tische und Stühle stehen auf einer autofreien Gasse, der Innenraum ist mit einem alten Fahrrad, alten Radios und alten Filmplakaten dekoriert. Besonders beliebt bei Studenten.

Ein beliebter Treffpunkt am Abend: die Cafés unter den Kolonnaden an der Esplanade von Korfu-Stadt

Abends, wenn es kühler wird, beginnt das Nachtleben in Korfu-Stadt

Graal ➡ aB2
Odós D. Solomoú 34, Altstadt
✆ 26 61 04 17 35, www.facebook.com/graal.eraldicon
In dem kleinen Club werden Partys und Konzerte zu verschiedenen Musikrichtungen veranstaltet.

Imabári Seaside Lounge ➡ aA4
Faliráki, Neustadt
✆ 26 61 10 03 40
Näher am Meer sitzt man in keinem anderen Night Spot der Stadt. Die Cocktailkarte ist beachtenswert, auch passende kleine Gerichte zu Wein oder Bier werden serviert. Wer mag, kann hier zwischen den Drinks ein Bad nehmen.

Zen ➡ aB4
Odós Kapodistríou 98
✆ 69 77 62 29 18, www.facebook.com/people/Zen-cocktail-champagne-bar/100081350227447
In der sehr gepflegten, modern möblierten Cocktailbar an der Esplanade treffen sich vor allem Korfioten, um polynesische Cocktails und vielleicht auch Champagner zu trinken.

Casino ➡ südl. aD3
Odós Dimokratías 3, Neustadt (im Hotel Corfu Palace)
✆ 26 61 04 69 41
www.casinocorfu.gr
Roulette, Blackjack, Poker und zahlreiche Slot Machines.

Blanc du Nil ➡ aB2
Odós N. Theotóki 125, Altstadt
✆ 69 84 66 89 10
Nur weiße Baumwolltextilien für Sie und Ihn sind das Programm dieses Franchise-Betriebs einer großen internationalen Modekette, die man in Deutschland weniger kennt.

By Tom ➡ westl. aB1
Parodós N. Theotóki 8
Altstadt
✆ 26 61 04 66 83
www.facebook.com/workshopbytom
Werkstatt und Atelier eines der besten Olivenholzschnitzer der Insel. Verkauft werden nur von der Inhaberfamilie selbst hergestellte Objekte – vom Salatbesteck bis zur Skulptur. Inhaber Tom arbeitet auch gern nach Wünschen und Plänen von Kunden.

Olivenölprodukte, Seifen und Ouzo – die Auswahl an möglichen Mitbringseln aus Korfu ist groß

Paramythia ➡ aC2
Odós Velissáriou 12
Altstadt
✆ 26 61 08 18 32, paramythia-traditional-cheeses.business.site
Hier kommen Käseliebhaber auf ihre Kosten. Käsespezialitäten aus ganz Griechenland findet man in großer Auswahl, sodass man sich auch gut eine kleine Auswahl fürs nächste Picknick zusammenstellen kann.

Public ➡ aC3
Odós Ev. Voulgaréos 82
Neustadt
✆ 21 08 18 13 33
www.public.gr
Wer wissen will, was jüngere Griechen gern hören, sehen oder am Computer spielen, kommt in dieser Filiale des größten griechischen Elektronik- und IT-Kaufhauses auf die richtige Fährte.

Mavromatis ➡ aB3
Odós M. Theotoki 9
Altstadt
✆ 69 77 15 30 02
kumquat.gr
Shop der Destillerie Mavromatis, die nahe Skripero nicht nur den traditionellen Koum-Kouat-Likör, sondern auch andere Produkte mit der Frucht herstellt. Es gibt entsprechend aromatisierte Marmeladen, Bonbons, Cookies und vieles mehr.

Velvet ➡ aB3
Odós N. Theotóki 42
Altstadt
velvetcorfu.com
Wer sehen und anprobieren möchte, was griechische Modedesigner für Damen und Herren entwerfen, findet hier einige Beispiele verschiedener Labels.

Wochenmarkt ➡ aC2
Wallgraben unterhalb der Odós Sp. Vlakoj, Neustadt
Vormittags, tägl. außer So
An modernen Ständen werden überwiegend Obst, Gemüse und Fisch angeboten. Auch einige Souvenirs sind zu finden. Zwei Cafés sorgen fürs leibliche Wohl.

Strandbad Faliráki ➡ aA4
Faliráki, Neustadt
Frei zugänglich
Ins Wasser kommt man kostenlos, schwimmt dann im Angesicht von

Palastgarten und Neuer Festung. Die Liegen und Sonnenschirme gehören zu einer Beach Bar und sind nur für deren Gäste kostenlos. Umkleidekabinen sind vorhanden.

Strandbad Mon Repos

➡ H5

Garítsa

Das eher traditionelle Strandbad besitzt einen kleinen Strand, Duschen und Umkleidekabinen. Es wird überwiegend von Einheimischen genutzt.

Schiffe/Fähren ➡ G/H5

Die Organisation des Hafens von Korfu ist für Besucher anfangs recht verwirrend, da es viele verschiedene Abfahrts- und auch Fahrkartenverkaufsstellen gibt. Im nördlichen Teil des **Alten Hafens** legen nur die Boote nach Vído ab. Etwa 300 m weiter westlich liegt die »Alexandros K II« am Kai, wenn sie nicht gerade unterwegs ist. Sie verbindet die Stadt mehrmals wöchentlich mit den Diapontischen Inseln. Die Reederei arbeitet ohne Agentur; Tickets gibt es nur direkt auf dem Schiff, Fahrplanauskünfte auch bei der Hafenpolizei (✆ 26 61 36 52 00). Etwas weiter folgt das alte Hafenterminal, das kaum noch von Schiffen angelaufen wird. Ihm gegenüber befinden sich jedoch viele Schifffahrtsagenturen, die für die von ihnen jeweils vertretenen Linien Tickets verkaufen und Fahrplanauskünfte erteilen.

Etwa 1 km weiter liegt dann die Einfahrt zum **Neuen Hafen**. Direkt auf Höhe der Einfahrt legen die Fähren nach Igoumenítsa auf dem Festland und zur Insel Páxos an; jede Reederei hat hier ihren eigenen Ticketschalter. Im Norden des Neuen Hafens steht das moderne Zollgebäude. Dort liegt der Zugang zu den Fähren nach Albanien sowie zu den Kreuzfahrtschiffen. Welche Kreuzfahrtschiffe wann im Hafen erwartet werden, verrät corfuport.gr, die offizielle Website der Hafenverwaltung.

Auch für Vitamine zwischendurch wird in der Altstadt von Korfu gesorgt

Faschingssonntag
1. März 2020, 14. März 2021
Am frühen Nachmittag großer Karnevalsumzug mit Schwerpunkt an der Esplanade. Viele Lokale sind dekoriert.

Karfreitag
17. April 2020, 30. April 2021
Den ganzen Tag und Abend über finden zeitlich gestaffelt von den verschiedenen Kirchen aus große Karfreitagsprozessionen statt. Um 22 Uhr zieht die Prozession mit dem korfiotischen Bischof von der Kirche Agía Theódora am Alten Hafen zur Esplanade und zurück.

Ostersamstag
18. April 2020, 1. Mai 2021
Vormittags zieht eine große Prozession unter Teilnahme mehrerer Blasorchester durch die Stadt. In Erinnerung an das Erdbeben nach der Kreuzigung Christi werfen viele Menschen von den Balkonen und aus den Fenstern ihrer Häuser altes Porzellan auf die Gassen. Abends um 23 Uhr beginnt dann in fast allen Kirchen die Ostermesse, an der nahezu alle Korfioten fein gekleidet teilnehmen. Nach Verkündigung der Auferstehung gegen Mitternacht und dem Entzünden von Kerzen, die man mit nach Hause trägt, lässt man Böller krachen und Feuerwerksraketen in den Himmel steigen.

Spirídon-Prozessionen
Am Sonntag vor Ostern, Ostersamstag, 11. August, 1. Sonntag im November
Feierliche Prozessionen mit dem Reliquienschrein des Inselheiligen finden viermal jährlich statt. Stets sind viele örtliche Würdenträger, Klerus, Militär und Polizei mit dabei. Die Philharmonischen Gesellschaften der Stadt sorgen für die Blasmusik.

Ausflugsziel:

Vido ➡ G5/6
Boote nach Vido Mai–Sept. tägl. mindestens stdl. vom kleinen Anleger in der Nordwestecke des Alten Hafens

Auf der grünen Insel direkt gegenüber der Stadt gibt es ein Restaurant und einen Kiesstrand. Wanderwege führen durchs Grüne. Ein großes steinernes Kreuz und ein Mausoleum erinnern an viele Tausend serbische Soldaten und Zivilisten, die während des Ersten Weltkriegs auf Korfu an Hunger und Seuchen verstorben sind. Ihre Gebeine wurden 1936 von 27 verschiedenen Inselfriedhöfen hierher überführt. ■

Wer zu anderen Inseln aufbrechen möchte, findet am Neuen Hafen die Schiffe verschiedener Reedereien

Am Ostersamstag werfen Korfioten traditionell mit Wasser gefüllte Tonkrüge von ihren Balkonen und aus ihren Fenstern

Ein Tag in Albanien

Das an der engsten Stelle nur zwei Kilometer von Korfu entfernte Albanien taucht bisher in den Katalogen der Reiseveranstalter kaum auf. Da sollte man vielleicht die Gelegenheit nutzen und sich bei einem Tagesausflug einen eigenen Eindruck von diesem nahezu unbekannten europäischen Land verschaffen. Außerdem liegen dort auch in schönster amphibischer Landschaft die eindrucksvollen Überreste der antiken Stadt Butrint, die Korfioten vor über 2500 Jahren gegründet haben.

Die Fähre von Korfu-Stadt zur albanischen Küstenstadt Sarande (griech.: Ágii Saránda) benötigt je nach Schiffstyp nur 30 bis 75 Minuten für die Überfahrt; für die Einreise genügt ein gültiger Personalausweis.

Sarande wirkt mit seinen zahlreichen neuen, vielgeschossigen Wohnhäusern viel größer als es ist. Viele seiner offiziell 35 000 Einwohner haben hier ihre ersten Ersparnisse investiert, leben und arbeiten aber weiterhin im Ausland. Vom Fähranleger bis zum kleinen Yacht- und Fischereihafen geht man nur etwa zehn Minuten am Ufer entlang, gleich dahinter liegt das Stadtzentrum.

Mit Ausflugsbus oder Taxi kommt man vom Hafen schnell ins 24 Kilometer entfernte antike **Butrint** auf einer Halbinsel im gleichnamigen See. Es gehört zum UNESCO-Weltkulturerbe. Gut erhalten sind ein römisches Theater, antike Stadtmauern und -tore. Aus frühchristlicher Zeit stammen ein rundes Baptisterium und eine bis Dachhöhe erhaltene Basilika. Alles ist romantisch in viel Grün eingebettet, alles Sehenswerte wird auf Tafeln anschaulich auf Englisch erklärt.

Amphitheater von Butrint in Albanien

Reiseregionen, Orte und Sehenswürdigkeiten

Die Inselmitte

Als »Inselmitte« betrachten wir hier alle Orte und Sehenswürdigkeiten, die von der Inselmetropole aus mit Stadtbuslinien zu erreichen sind. Sie liegen an der buchtenreichen, grünen Ostküste der Insel und im hügeligen Umland der Stadt. Wer in einem der hiesigen Ferienorte seine Unterkunft gebucht hat, kann Strandurlaub und Städtereise ideal miteinander kombinieren. Für Besucher, die diese Region nur im Rahmen einer Rundreise mit dem Mietwagen streifen, ist das Achíllion das besuchenswerteste Ziel.

Die Vista Points sind alphabetisch sortiert.

❸ Achíllion ➡ J4

Das kleine **Sommerschloss** der österreichischen Kaiserin Elisabeth (Sisi) und des deutschen Kaisers Wilhelm II. thront auf einem Hügel hoch über Stadt und Küste. Umgeben ist es von einem gepflegten Garten. Im Schloss sind einige wenige Erinnerungsstücke an die beiden Majestäten ausgestellt, die Veranda des Baus schmücken viele Büsten antiker Dichter und Philosophen, unter die sich als Außenseiter William Shakespeare gemischt hat. Im Schloss ist das Treppenhaus besonders eindrucksvoll. Es ist geschmückt von einem vier mal elf Meter großen Monumentalgemälde, das verschiedene Szenen aus der griechischen Mythologie präsentiert.

Im **Schlosspark** fallen zwei große Bronzestatuen des antiken Helden Achilles ins Auge: Vom Kaiser wurde der fünfeinhalb Meter hohe »Siegende Achill« in Auftrag gegeben, von der ja immer etwas melancholischen Kaiserin der »Sterbende Achill«. Dargestellt ist der Moment, in dem Achilles

Achíllion – das ehemalige royale Refugium ist Korfus berühmteste Sehenswürdigkeit

Allerlei Majestäten

Kaiser Wilhelm II. verbrachte jahrelang seine Osterferien im Achíllion auf Korfu

Korfu war die erste griechische Insel, auf der ein neugriechischer König ein kleines Schloss besaß: Mon Repos ging 1864 aus britischen Händen in das Eigentum des griechischen Königshauses über. Schon drei Jahre zuvor besuchte die österreichische Kaiserin Elisabeth (»Sisi«) die Insel und war begeistert. 1877 kam sie wieder, 1889 kaufte sie hier einem korfiotischen Diplomaten seine Villa ab und ließ darauf ihr »Achíllion« im pompejanischen Stil errichten. Nach ihrer Ermordung in Genf übernahm der deutsche Kaiser Wilhelm II. 1907 das Anwesen und verbrachte hier von 1908 bis 1914 sechsmal seine Osterferien mit großer Entourage. Im nahen Schlösschen Mon Repos erholte sich die griechische Königsfamilie öfter von ihrer Regierungsarbeit. So auch 1921, als hier des Königs Schwiegertochter Prinzessin Alice von Battenberg – eine Enkelin von Queen Victoria – einen kleinen Philip gebar. Dieser wurde später Gemahl von Elizabeth II., der Königin von England. Beide Schlösser gehören heute dem griechischen Volk.

versucht einen im Trojanischen Krieg auf ihn abgeschossenen Pfeil aus seiner sprichwörtlichen Ferse zu ziehen – nur an ihr war er verwundbar. Als ihn seine Mutter Thetis ins Wasser der Unsterblichkeit getaucht hatte, hatte sie ihn nämlich an dieser Ferse festgehalten, die so nicht mit dem Wasser in Berührung gekommen war ...

Stadtbuslinie 10
Ab Platía Sarocco/Odós M. Methodíou, Korfu-Stadt

Parkplätze
Mehrere gebührenpflichtige Privatparkplätze nahe dem Eingang, ansonsten kaum Parkmöglichkeiten.

Achíllion ➡ J4
Oberhalb von Gastoúri an der Straße nach Benítses
✆ 26 61 05 62 10
achillion-corfu.gr
Wird derzeit restauriert
Schlösschen in toller Lage und mit schönem Park.

Elia Taverna Grill House Beansprucht ➡ J4
Beim Achíllion
Gastoúri
✆ 69 83 39 16 92
www.facebook.com/EliaTaverna Corfu
Die Taverne bietet überzeugende griechische Küche zu günstigen Preisen. Im Angebot sind auch vegetarische Gerichte. Der Service ist ausgesprochen freundlich. Manchmal Livemusik.

Ágios Ioánnis ➡ G4

Das große Binnendorf erlangt auf der touristischen Inselkarte nur wegen seines großen Wasserparks Bedeutung.

Stadtbuslinie 8
Ab Platía Sarocco/Odós M. Methodíou
Korfu-Stadt
Die Linie 8 fährt mehrmals täglich ab Korfu-Stadt zum Wasserpark, Rückfahrt jeweils ca. 20 Minuten später.

Eine Badeplattform am Strand von Dassiá

Parkplätze
Kostenlose Parkplätze sind beim Aqualand in ausreichender Zahl vorhanden.

Aqualand ➡ G3
An der Straße von Ágios Ioánnis Richtung Paleokastrítsa
✆ 26 61 05 83 51
aqualandcorfu.com
Der größte Wasserpark Korfus bietet auf 75 000 m² Fläche 36 Rutschen und 15 Pools, kostenlose Liegestühle und Sonnenschirme, SB-Restaurants und sogar einen Fish Spa, ein Tattoo-Studio und Massageräume.

Benítses ➡ J/K4

Benítses war einmal das bedeutendste Fischerdorf Korfus, hat sich aber seit Langem schon gänzlich dem Tourismus verschrieben. Der Hafenkai wird leider als Parkplatz gebraucht, aber das kleine Dorfzentrum bietet noch angenehm dörfliches Flair. Dass hier schon in römischer Zeit Menschen lebten, bezeugen die äußerst spärlichen Ruinen einer kleinen römischen **Thermalbadeanlage** (ausgeschildert als »Roman Bath«, frei zugänglich) etwa 200 Meter von der Platía am Hafen entfernt. Nördlich des Orts pflegte der deutsche Kaiser Wilhelm II. an Land zu gehen, wenn sein Schiff vor der Küste ankerte: Geringfügige Reste des Anlandekais **Kaizer's Bridge** ➡ J4 an der Straße Richtung Stadt sind erhalten geblieben. Von hier fuhr der Kaiser dann im roten Mercedes zu seinem Schloss Achíllion hinauf.

Stadtbuslinie 6
Ab Platía Sarocco/Odós M. Methodíou, Korfu-Stadt

Kavoúras ➡ J/K4
An der Hauptgasse neben der Apotheke, Benítses
✆ 26 61 07 20 69
Exzellente, moderne Pizzeria, auch gute Pasta.

Benítses Water Sports ➡ J/K4
Am Strand vor dem Hotel Potamáki Beach, Benítses
✆ 26 61 07 11 40
www.potamakibeachhotel.com
Wasserski, Parasailing, Inflatables.

Agía Marína ➡ J/K4
Benítses
Kirchweihfest zu Ehren der Schutzpatronin der Stadt. Gottesdienste

am 16. Juli abends und 17. Juli morgens, Feier mit viel Folklore-Livemusik, Essen und Trinken auf der Platía am Hafen am 16. Juli abends.

Sardinen-Fest ➡ J/K4
Platía am Hafen
Benítses
Anfang August steigt ein großes Fest mit Musik und Tanz. Auf großen Grills werden Sardinen gegart und kostenlos verteilt. Das Fest soll an die Tradition von Benítses als Fischerdorf erinnern.

Dafníla-Halbinsel ➡ F4/5

Auf der hügeligen, dicht mit Oliven-, Öl- und Obstbäumen bestandenen Halbinsel, die auch **Kómmeno** genannt wird, verstecken sich mehrere große Hotels und einige Villen im Grünen.

Kirche Ipapánti ➡ F4
Dafníla/Kómmeno
Zufahrt ab der Inselrundstraße ausgeschildert
Wie das weitaus berühmtere Kloster Vlachérna bei Kanóni liegt auch diese kleine Kirche aus dem Jahr 1713 auf einer winzigen Insel, die über einen kurzen Damm trockenen Fußes zu erreichen ist. Sie wird heute gern für Hochzeiten genutzt, steht aber nur selten zur Besichtigung offen.

Dassiá ➡ E4

In Dassiá hält sich die Nationalstraße weit weg vom Meer, stehen die Häuser locker verstreut zwischen Olivenbäumen und dem fast zwei Kilometer langen Strand aus Kies und grobem Sand. Begleitet wird dieser teilweise von einer gerade einmal eineinhalb Meter breiten, improvisiert wirkenden Uferpromenade, die kleine und größere Hotels säumen. Sonnenanbeter liegen gern auf den Rasenflächen der Hotels am Pool oder auf hölzernen Plattformen, die in die Bucht hinaus gebaut sind. Die Tavernen und Bars hinterm Strand halten angenehm Abstand voneinander; weitere Lokale sind zehn Minuten vom Strand entfernt entlang der Nationalstraße zu finden. Im Süden und Norden wird die weite Bucht jeweils von einer grünen Halbinsel gerahmt. Auf der nördlichen lag mal eines der ersten Club-Med-Feriendörfer Europas. Heute ist das Gelände völlig verwildert. Auf der Dafníla-Halbinsel im Süden hingegen stehen inmitten von viel Grün neue Hotels. Ein Dorfzentrum sucht man in Dassiá vergebens: Der Ort ist außerhalb der Touristensaison nahezu menschenleer.

Stadtbuslinie 7
Ab Platía Sarocco/Odós M. Methodíou, Korfu-Stadt

Familienfest an der Kirche Ipapánti

Die Linie 7 fährt ab der Platía Sarocco in Korfu-Stadt nach Dassiá. Auch die Fernbusse, die am Fernbusbahnhof an der Umgehungsstraße von Korfu-Stadt in Richtung Kassiópi starten, halten in Dassiá.

Etrusco ➡ E4
An der Straße von Dassiá nach Káto Korakianá (an der Nationalstraße gegenüber einer EKO-Tankstelle ausgeschildert)
✆ 26 61 09 33 42
etrusco.gr
Reservierung erbeten
Im besten und teuersten Gourmet-Restaurant der Insel, das vom bedeutendsten griechischen Gastronomie-Führer mehrfach als eines der besten zehn Restaurants ganz Griechenlands ausgezeichnet wurde, pflegt Maitre Ettore Botríni eine moderne mediterrane Küche. €€€

Dassiá Beach ➡ E4
Am Strand von Dassiá
✆ 26 61 09 32 24
www.dassiahotels.gr
Auf der Terrasse der Taverne des gleichnamigen kleinen Hotels sitzen die Gäste unter einem schattigen Blätterdach direkt am Strand mit schönem Blick auf Badende, Fallschirmsegler und die grüne Bucht. €

Edem Beach Nightclub

Edem Beach Nightclub
➡ E4
Am nördlichen Strandende von Dassiá
✆ 26 61 09 30 13
edemclub.com
Eintritt frei
»Don't keep calm, just party hard«, lautet das Motto des Clubs direkt am Strand. Von 11 bis 23 Uhr trinkt man Kaffee und Cocktails, danach wird abgerockt. Mehrmals monatlich sind renommierte DJs aus aller Welt zu Gast, besonders gut besucht sind die Vollmond-Partys. Für Abkühlung kann jederzeit ein kurzes Bad im Meer sorgen.

Tartaya ➡ E4
Im zentralen Ortsbereich unterhalb der Hauptstraße
Dassiá
✆ 69 47 69 13 35
Ein subtropischer Garten und hohe Palmen sorgen für karibisches Feeling, von Spotlights romantisch in Szene gesetzt. Die Abende verlaufen eher ruhig bei guten Cocktails und anderen Drinks, doch nach Mitternacht geht auch hier öfter die Partypost ab.

Dassia Ski Club ➡ E4
Am Strand von Dassiá
✆ 69 89 78 37 29
dassiaskiclub.com
Eines der größten Wassersportzentren der Insel. Im Angebot sind Stand-up-Paddling, Wasserski, Wakeboard, Parasailing und allerlei Inflatables. Auch Motorboote werden führerscheinfrei an Selbstfahrer vermietet.

Corfu Mountainbike Shop
➡ E4
Am nördlichen Teil der Hauptstraße, Dassiá
✆ 26 61 09 33 44
www.mountainbikecorfu.gr
Verleih von Tourenrädern und verschiedenen Arten von Mountainbikes sowie geführte Tagestouren unterschiedlicher Schwie-

Vom Garten des Achíllion blickt der Held im Auftrag von Kaiser Wilhelm II. auf die Insel

rigkeitsgrade. Gegen eine geringe Gebühr ist die Bereitstellung an vielen Hotels möglich.

Gastoúri ➡ J4

Gastoúri ist das große, traditionelle Binnendorf, zu dem das Achíllion-Schlösschen gehört. Seine damaligen Bewohner prägten für Sisi und Wilhelm II. das Bild vom ländlichen Leben auf Korfu. Der Kaiser lud sie einmal zur Enthüllung der Statue des heldenhaften Achill ein und stellte fest, dass sie den antiken Helden für einen protestantischen Heiligen hielten. Kaiserin Sisi stiftete dem Dorf einen Brunnen.

Stadtbuslinie 10
Ab Platía Sarocco/Odós M. Methodíou, Korfu-Stadt

Elisabeth-Brunnen ➡ J4
An der Straße vom Dorfzentrum von Gastoúri nach Plátanos
Frei zugänglich
Das Brunnenhaus unter einer Platane trägt die Inschrift »Brunnen der Kaiserin Elisabeth«. Den Brunnen ziert das Relief eines Delfins. Dieser Meeressäuger ist eine Anspielung auf den von Sisi so hoch verehrten Achilles: Delfine waren die heiligen Tiere der Mutter des Helden, der Meernymphe Thetis.

Französischer Soldatenfriedhof ➡ J4
An der Straße, die aus Richtung Korfu-Stadt im unteren Bereich von Gastoúri nach Pérama abzweigt
Tagsüber frei zugänglich
An der schmalen Straße macht ein kleiner Wegweiser mit der Aufschrift »Cimetière militaire français« auf den 100 m rechts der Straße liegenden Soldatenfriedhof aufmerksam. Hier ruhen unter Olivenbäumen und Zypressen 206 französische und nordafrikanische Soldaten, die zusammen mit vielen Serben im Ersten Weltkrieg vor den heranrückenden deutsch-österreichischen Truppen nach Korfu evakuiert wurden und hier starben.

Die Marina von Gouviá ist die größte der Insel

Marienfest ➡ J4
Gastoúri
Am 22./23. August wird das Kirchweihfest gefeiert, Gottesdienste am 22. abends und 23. morgens, Musik und Tanz am Abend des 22. August.

Gouviá ➡ F4

In Gouviá haben Segler aus aller Welt ihre Yachten liegen. Die Marina ist mit über 1000 Liegeplätzen die größte der Insel. Die alte Dorfstraße säumen viele kleine Tavernen und Bars.

Stadtbuslinie 7
Ab Platía Sarocco/Odós M. Methodíou, Korfu-Stadt
Haltestellen gibt es nur an der vierspurigen Nationalstraße.

Venezianische Werfthallen ➡ F4
Unmittelbar südlich der Hafenbucht, Gouviá
Tagsüber frei zugänglich
Im Winter zogen die Venezianer ihre Galeeren an Land. Sie wurden in großen Schiffshallen, wie man sie beispielsweise auch noch an den venezianischen Häfen von Chaniá und Iráklio auf Kreta sehen kann, gelagert und repariert. Die Hallen in Gouviá stammen aus dem 18. Jh. Sie sind zwar dachlos, aber Mauerwerk und Bögen sind gut und fotogen erhalten.

Ípsos/Pirgí ➡ E5

Vor dem winzigen Doppelort (80 Einw.) verläuft die viel befahrene Inselrundstraße direkt am langen, schmalen Strand aus Kies und grobem Sand. Landseitig wird sie von einfachen, ganz auf Touristen eingestellten Tavernen, Bars und Geschäften gesäumt. Hinter dieser wenig attraktiven »Promenade« liegen kleine Pensionen und Apartmenthäuser an neuen Straßen.

Stadtbuslinie 7
Ab Platía Sarocco/Odós M. Methodíou, Korfu-Stadt

Kontokáli ➡ F/G4

Kontokáli (1600 Einw.) ist der erste Badeort nördlich der Stadtgrenze von Korfu-Stadt. Zwischen der vierspurigen Nationalstraße und dem Meer erstreckt sich das his-

torische Ortszentrum an der alten Dorfstraße. Zu Kontokáli gehört auch die Halbinsel, die die südliche Hälfte der Bucht von Gouviá gegen das Meer abschirmt. Hier liegt der Ortsstrand.

Stadtbuslinie 7
Ab Platía Sarocco/Odós M. Methodíou, Korfu-Stadt
Haltestellen gibt es nur an der vierspurigen Nationalstraße.

Roúla ➡ F4
Versteckt gelegen, von der Nationalstraße zum Hotel Kontokáli Bay abzweigen, an der Gabelung beim Hotel links halten und bis zum Ende der kleinen Straße fahren, Kontokáli
✆ 26 61 09 18 32, de-de.facebook.com/Roulafishtavernarestaurant
Die alteingesessene Fischtaverne hat schon viele prominente Gäste wie Michail Gorbatschow und Nana Mouskouri gesehen. Weil Einheimische sie wegen ihres guten Preis-Leistungs-Verhältnisses schätzen, ist sie auch im Winter geöffnet. Man sitzt hier mit Blick auf die Marina von Gouviá.
€€–€€€

KB Watersports ➡ F4
Am Strand vor dem Hotel Kontokáli Bay, Kontokáli
✆ 69 77 22 43 18, www.facebook.com/kbwatersports
Wasserski, Wakeboard, Parasailing, Inflatables, Motorboote führerscheinfrei bis zu 30 PS.

Pélekas ➡ G/H3

Das große Bergdorf (1100 Einw.) zieht sich in 200 bis 280 Metern Höhe an einem Hügel entlang. Dessen Kuppe wird allgemein **Sunset Point** und manchmal auch Kaizer's Throne genannt. In den letzten drei Jahrzehnten des letzten Jahrtausends war Pélekas ein bevorzugter Urlaubsort bei Rucksacktouristen; ein wenig von diesem Flair ist erhalten geblieben. Lange, breite Sandstrände liegen tief unterhalb des Orts, sind aber nur kraftraubend zu Fuß oder mit eigenem Fahrzeug zu erreichen.

Stadtbuslinie 11
Ab Platía Sarocco/Odós M. Methodíou, Korfu-Stadt
Pélekas ist Endstation der Linie 11.

Blick auf die Bucht von Ípsos

Sunset Point ➡ G3
Oberhalb von Pélekas
Ein kleiner Fels auf der Hügelkuppe war dem deutschen Kaiser Wilhelm II. in den Jahren vor dem Ersten Weltkrieg der liebste Ort, um den Sonnenuntergang zu erleben. Der rote Feuerball versinkt hier nicht im Meer, sondern zwischen grünen Hügeln; an manchen Abenden scheint er sogar die Hügelhänge hinabzurollen.

Glifáda Beach ➡ G3
Der breite, feinsandige Strand wird von Cafés, Beach Bars und Hotels gesäumt, es gibt viele Wassersportangebote. Die Zufahrt ist an der Straße Pélekas–Paleokastrítsa ausgeschildert.

Pélekas Beach/ Kontogialós Beach ➡ H3
Der kilometerlange, bis zu 30 m breite Hauptstrand von Pélekas ist noch nicht völlig verbaut. Zwei ausgeschilderte Zufahrtsstraßen führen hinunter.

Yaliskári Beach ➡ H3
Der kürzeste und ruhigste Sandstrand von Pélekas liegt südlich des Pélekas Beach. Auch hier gibt es Tavernen. Die Zufahrt ist an der Straße Pélekas–Korfu-Stadt ausgeschildert.

Levant ➡ G3
Sunset Point, Pélekas
✆ 26 61 09 42 30, levantcorfu.com
Drinnen gibt sich das Restaurant vornehm-gediegen, auf der Terrasse mit dem vielleicht schönsten Sonnenuntergangsblick der Insel geht es locker zu. Auf der Karte stehen vor allem korfiotische und kleinasiatische Spezialitäten. €€€

Zansi Bar ➡ G3
Dorfplatz, Pélekas
✆ 69 31 05 30 54, www.facebook.com/zanzibarCorfu
Die unscheinbare Bar ist seit Jahrzehnten der Treffpunkt eingefleischter Pélekas-Fans. Hier wurden schon viele Partys gefeiert.

Marienfest ➡ G/H3
Pélekas
Am 22./23. August wird das Kirchweihfest gefeiert, Gottesdienste am 22. abends und 23. morgens, Musik und Tanz am Abend des 22. August.

Aussichtspunkt Kaizer's Throne, auch Sunset Point genannt

Strand mit Blick auf die albanische Küste

Der Inselnorden

Der Inselnorden ist der landschaftlich abwechslungsreichste Teil der Insel. Besuchern, die nur für einen Tag einen Mietwagen buchen wollen, ist zu empfehlen, diese Region für ihre Erkundungstour auszuwählen. Weite Teile der **Küsten** fallen steil zum Meer hin ab, doch unter den Klippen ist oft noch Platz für einen Strand. Die Nordküste zwischen Acharávi und Sidári säumt ein langer, breiter Sandstrand, an der Ostküste sind hier außer in Barbáti nur kurze Strände in kleinen Buchten zu finden. Weite Buchten mit langen, feinsandigen Stränden bietet hingegen die dem offenen Meer zugewandte Westküste.

Im Inselnorden ragt mit dem **Pantokrátoras** auch der höchste Berg der Insel auf. Viele der noch sehr untouristischen Bergdörfer sind von traditioneller Architektur aus venezianischer Zeit geprägt. Zum Inselnorden gehören mit den **Diapontischen Inseln** auch drei bewohnte Inselzwerge. Am leichtesten erreichbar ist Eríkoussa mit schönem Sandstrand.

Die Vista Points sind alphabetisch sortiert.

Acharávi ➡ B/C5/6

Acharávi ist besonders bei Deutsch oder Niederländisch sprechenden Urlaubern als Ferienort beliebt. Der kleine historische Ortskern zieht sich an der alten Dorfstraße entlang. Diese verläuft für ein Stück parallel zur breiten Inselrundstraße, an der heute die meisten Geschäfte und viele Tavernen liegen. Zwischen dieser Hauptverkehrsachse und dem sieben Kilometer langen und bis zu 30 Meter breiten Sandstrand liegen locker verstreut Hotels und Apartmentanlagen zwischen ein paar übrig gebliebenen Feldern und Olivenhainen. Da sich Acharávi über drei Kilometer am Meer entlang ausbreitet, sind die namenlosen Zufahrtsstraßen zum Strand durchnummeriert. Zentraler Orientierungspunkt ist ein Kreisverkehr in der Ortsmitte.

Acharávi ist ein idealer Ausgangspunkt für lange Strandwan-

Taverne am Strand von Acharávi

derungen. Nach Westen kann man dem Meeressaum bis nach **Róda** folgen (von dort Linienbusverbindung nach Acharávi zurück), nach Osten bis zur Insel **Nísos Agías Ekaterínis** und weiter über die Insel bis zum **Ágios Spirídonos Beach**. Von dort muss man dann noch etwa zwei Kilometer bis zur Inselrundstraße mit Bushaltestelle wandern.

Busverbindung
Verbindungen bestehen zum Fernbusbahnhof in Korfu-Stadt und im Sommer auch nach Kassiópi, Róda und Sidári.

S-Bikes / Cycle Corfu ➡ B5
An der Straße Richtung Róda
Acharávi
✆ 26 63 06 41 15
www.cyclecorfu.com
Geführte Tagestouren sowie Vermietung von Tourenrädern und Mountainbikes.

Volkskundliches Museum
➡ B5
An der Hauptdurchgangsstraße Richtung Róda, Acharávi
✆ 26 63 06 30 52
www.museum-acharavi.com

Das moderne Museum zeigt, wie man in venezianischer Zeit und noch bis nach dem Zweiten Weltkrieg im Norden Korfus lebte. Im Vordergrund stehen historische Stiche, alte Fotografien und Dokumente. Dem Museum angeschlossen ist ein traditionelles Café mit lokalen Köstlichkeiten und einer

Dauerausstellung über traditionelle Produkte.

Römische Thermalbadeanlage ➡ B5
An der Hauptdurchgangsstraße Richtung Róda, Acharávi
Umzäunt, nur von außen einsehbar
Aus römischer Zeit stammen die wenigen gemauerten Überreste einer kleinen Thermalbadeanlage. Das geübte Auge erkennt die Heißluftschächte in den Wänden und das System der Fußbodenheizung.

Acharávi Beach ➡ B5/6
An einigen Abschnitten des 7 km langen Sandstrands werden Sonnenschirme und Liegen vermietet, dazwischen bleibt viel Freiraum. Bei nördlichen Winden ist die Brandung häufig recht kräftig.

Maistro ➡ B5
Strandzufahrt Nr. 8, Acharávi
✆ 26 63 06 30 20
www.maistroacharavi.com
Das moderne Restaurant ist der ideale Platz, um bei Sonnenuntergang zu speisen. Für diese Zeit ist allerdings eine Tischreservierung dringend anzuraten. Einmal wöchentlich wird ein griechischer Folkloreabend veranstaltet, an einem anderen Abend steht ein großes Fischbuffet auf dem Programm. €€

Pumphouse ➡ B5
Direkt am Kreisverkehr
Acharávi
✆ 26 63 06 32 71
www.thepumphouse.gr
Das feinste Restaurant in Acharávi ist als einziges ganzjährig geöffnet – es hat auch viel einheimisches Publikum. Vegetarier werden ebenso verwöhnt wie Steak-Liebhaber. Auch viele korfiotische Spezialitäten. €€

Fuego ➡ B5
Strandzufahrt Nr. 6, Acharávi
✆ 26 63 06 32 42
www.fuegobeachbar.com
Die moderne Beach Bar serviert ihre Drinks auch an den Liegestühlen unter Strohschirmen. Zudem werden heiße und kalte

Sonnenuntergang in Acharávi

Snacks angeboten, an manchen Abenden bringt ein DJ die Gäste in Partylaune. Gelegentlich auch Livemusik. Selbst wenn ein kräftiger Nordwind weht, spürt man auf der verglasten Terrasse nur wenig davon.

Olive Wood Shop Corfu ➡ B5
Acharávi
✆ 26 63 06 36 31
olivewoodshopcorfu
Auf Korfu mit seinen über 4 Mio. Olivenbäumen ist die Olivenholzschnitzerei und -bildhauerei eine alte Tradition. In dieser Werkstatt werden viele nützliche und schöne Objekte in Handarbeit aus Olivenholz hergestellt und verkauft – z. B. Schüsseln, Gabeln, Armbänder, Halsketten, Fotorahmen.

Acharávi Water Sports ➡ B6
Strandzufahrt 10
Acharávi
✆ 69 44 71 42 92
acharaviwatersports.business.site
Wasserski, Wakeboard, Inflatables, Kanus, Tretboote.

4 Afiónas ➡ C1

Der sich über zwei Kilometer auf einem Bergkamm erstreckende Ort gilt zu Recht als eines der schönsten Binnendörfer der Insel. Der historische Dorfkern liegt auf dem höchsten Punkt des Bergkamms hoch über der Küste und blickt hinunter auf die Buchten von Aríllas im Norden und Ágios Geórgios Págon im Süden. Ein Wanderpfad (30–40 Min.) führt von dort hinunter auf die schmale Landenge von **Porto Timóni** mit Stränden zu beiden Seiten und einem niedrigen Kap, das sich in die Bucht von Ágios Geórgios Págon hineinschiebt. Im Hochsommer fahren auch Badeboote von Ágios Geórgios Págon und Arillás nach Porto Timóni, sodass es dort dann keineswegs einsam ist.

Entlang der recht gewundenen Straße zum historischen Ortskern stehen schon einige wenige Tavernen. Drei weitere folgen sehr aussichtsreich am äußersten Dorfrand über dem Hang hinunter nach Porto Timóni. Simple Souvenirgeschäfte gibt es nicht, nur

Porto Timióni wird auch Zwillingsbucht genannt

einen geschmackvollen Laden mit Olivenprodukten am Dorfplatz.

Parken

Afiónas besitzt keinen öffentlichen Parkplatz. Am besten fährt man erst einmal bis zum Straßenende oben an der Dorfkirche, wendet dort und sucht sich dann eine Parkmöglichkeit am Straßenrand.

Ánemos ➡ C1

Am oberen Rand des historischen Ortskerns, kleiner Privatparkplatz für Gäste neben der Dorfkirche
Afiónas
✆ 26 63 05 21 68
anemosafionas.com
Eine Terrasse und ein großer Balkon sind die idealen Plätze, um zum Sonnenuntergang zu Abend zu essen. Hier werden auch Sonderwünsche erfüllt. Moussaká gibt es in zwei Versionen: Mit und ohne Hackfleisch. €€

Porto Timióni ➡ C1

Am Beginn des Pfades hinunter nach Porto Timióni
Afiónas
✆ 26 63 05 20 51
portotimoni.gr
Die große Terrasse bietet den vollständigsten Blick auf die Bucht von Ágios Geórgios Págon, die gefüllten Kalamares sind ein Gedicht! €

Ágios Geórgios Págon ➡ C2

Die nur locker bebaute, weitläufige Sommersiedlung liegt an einer der schönsten und größten Buchten der Insel, um die sichelförmig ein kilometerlanger, bis zu 50 Meter breiter Strand mit feinem Sand verläuft. Dieser ist die größte Attraktion, denn einen Ortskern gibt es nicht. Tavernen, Hotels und Pensionen liegen mit viel Abstand zueinander entlang des Ufers und auch im grünen Hinterland.

Afiónas – eines der schönsten Binnendörfer Korfus

Fisherman's Cabin ➡ C2

Auf der Südseite der Bucht, nur über einen unbeleuchteten Feldweg zu erreichen, ca. 600 m vom südlichen Ortsrand von Ágios Geórgios Págon
Die Fischtaverne lebt von ihrer Urigkeit und der Kauzigkeit ihres Wirts. Weit und breit steht kein anderes Haus, telefonische Reservierungen sind nicht möglich, die Öffnungszeiten nicht zuverlässig. Dafür sind Fisch und Meeresfrüchte garantiert frisch, leuchtet der Sternenhimmel an klaren Tagen hell. €€

Ílios ➡ C2

Am südlichen Ortsrand von Ágios Geórgios Págon (dort, wo die Straße nach Pági ansteigt)
✆ 26 63 09 60 43
ilios-living-art.com
Aléxandros Pajatákis hat sein Handwerk als Gold- und Silberschmied im deutschen Pforzheim erlernt. Alljährlich lädt er Kollegen aus aller Welt zu Workshops ein. Deren Kreationen stellt er hier zusammen mit seinen eigenen aus. Wer mag, kann diese auch während einer exquisiten Weinprobe betrachten oder in einem Seminar selbst ein Unikat kreieren.

Sommersiedlung Ágios Stéfanos Avliotón

Sun & Fun ➡ C2
Im Zentrum des Strandes
Ágios Geórgios Págon
✆ 69 77 22 75 22
sunfunclub-boathire.com
Verliehen werden Jet Bikes, Wasserski, Kanus, Tret- und Motorboote. Außerdem Taxi-Service zum Porto Timóni Beach.

Ágios Spirídon ➡ B7

Ágios Spirídon ist vor allem ein kurzer Sandstrand mit kleiner Kirche. Im Hinterland stehen ein paar alte Häuser und eine Olivenpresse im Olivenwald versteckt, selbst die beiden großen Hotels fallen kaum ins Auge.

Vom Strand führt eine schwächelnde Brücke, die auch mit dem Pkw zu überqueren ist, hinüber auf die Insel **Nísos Agías Ekaterínis**, eine Art Wildnis mit Klosterruine. Quer über die Insel führt dann ein befahrbarer Feldweg bis zur Fußgängerbrücke auf der anderen Inselseite, die sie mit dem Strand von Acharávi verbindet. Umflossen wird dieses unbewohnte Inselchen auf drei Seiten von der Brackwasser-Lagune Antinióti, die früher intensiv befischt wurde. Am schönsten an der Insel ist ihre verwildernde Natur. Wer vom Hauptfeldweg abweicht, kommt an winzige, meist menschenleere Kiesbuchten. Etwa im Inselzentrum liegt 100 Meter abseits des Feldwegs zwischen hohen Bäumen die Ruine eines einst der hl. Katharina geweihten Klosters aus venezianischer Zeit.

Ágios Stéfanos Avliotón

➡ B1/2

Die zu den Binnendörfern Magouládes gehörende Sommersiedlung besitzt nicht nur einen kilometerlangen Sandstrand, sondern auch den besten Hafen im Nordwesten. Er liegt außerhalb des Orts, ist rein funktional und keineswegs idyllisch. Ein historisches Ortszentrum besitzt Ágios Stéfanos Avliotón nicht, das sommerliche Leben konzentriert sich auf das Areal um die Abzweigung zur Hafenstraße.

Hippo Pots ➡ B2
An der Straße zum Hafen
Ágios Stéfanos Avliotón
In dem Atelier eines britischen Ehepaars findet man Gebrauchskeramik jeglicher Art. Besonderes Markenzeichen: Teller und Tassen, Vasen, Becher und Spardosen, Hundenäpfe und vieles mehr sind fröhlich und farbenfroh mit gegenständlichen Motiven bemalt. Flusspferde sind ein bevorzugtes Sujet, aber auch Pflanzen, Landschaften und Strände zieren die

vielfältigen Objekte. Wer mag, kann hier ein Objekt selbst bemalen und dann brennen lassen.

Manthos Restaurant-Bar ➡ B2
An der Strandstraße
Ágios Stéfanos Avliotón
✆ 69 37 25 51 12, www.facebook.com/manthostaverna
Hier sitzt man in einer Art Wintergarten und hat einen wundervollen Blick, der besonders zum Sonnenuntergang viele Gäste anzieht. Persönlicher Service. Beliebt ist frischer Fisch.

Fähren nach Eríkoussa, Mathráki und Othoní ➡ B1/2
Hafen von Ágios Stéfanos Avliotón
Vom Hafen fahren kleine Passagierfähren mehrmals wöchentlich zu den Inseln. Beste Auskunftsquelle für die aktuellen Verbindungen ist das Reisebüro San Stefano Travel (ab der Hauptstraße ca. 150 m in Richtung Hafen, dann 20 m rechts an einer kleinen Seitenstraße): ✆ 26 63 05 17 71, sanstefano.gr.

Ágios Stéfanos Siniés ➡ D8

Die Albanien am nächsten gelegene Siedlung war einst nur der Bootsliegeplatz der Bauern und Fischer des Bergdorfs Siniés. Heute ist der Ort nur im Sommer bewohnt; seine Tavernen leben vor allem von den Crews der Yachten, die rund um die Uhr in der schmalen Bucht ankern. Am kurzen, schmalen Strand trägt man besser Badeschuhe.

Eucalyptus ➡ D8
Am nördlichen Strandende
Ágios Stéfanos Siniés
✆ 26 63 08 20 07
eucalyptustaverna.com
Die stilvolle Taverne in einer ehemaligen Ölmühle direkt am Wasser ist auf frischen Wildfisch spezialisiert. Einige der Tische und Stühle stehen auf dem schmalen Strand. Wer dort sitzen möchte, sollte den Tisch vorab reservieren!

Angelókastro ➡ D1

Die Ruine der »Engelsburg« thront einsam auf einer Bergkuppe hoch über der hier völlig unverbauten

Von der Burgruine Angelókastro bietet sich ein toller Blick auf die Küste

Küste. Sie entstand wohl schon im 12. Jahrhundert und wurde von den Venezianern mehrfach als Fluchtburg für die einheimische Bevölkerung während türkischer Eroberungsversuche genutzt. Bis zu 3000 Menschen fanden darin Platz. Außer den Außenmauern sind einige Zisternen und eine 1734 erbaute Kapelle erhalten; in den Fels sind im Laufe der Jahrhunderte immer wieder Gräber gehauen worden.

Angelókastro ➡ D1
Zufahrt von Makrádes aus über das Dorf Krini ausgeschildert
Oft frei zugänglich, zu manchen Zeiten ist ein Wärter dort, dann eingeschränkte Öffnungszeiten
Der Aufstieg vom Parkplatz zur Burgruine dauert ca. 15 Min.

Aríllas ➡ B1/2

Wie so viele Küstenorte Korfus ist auch Aríllas eine reine Sommersiedlung, die durch ihren langen Sandstrand attraktiv für Urlauber ist. Am nördlichen Ende des feinsandigen, flach abfallenden Strandes wird auch hüllenlos gebadet.

Aríllas ist für seine Brauerei bekannt

Von wirtschaftlicher Bedeutung für die Insel ist der Ort vor allem durch seine Brauerei.

Corfu Brewery ➡ B2
An der Straße vom oberen Dorfzentrum nach Sidári neben einer Tankstelle, Aríllas
✆ 26 63 05 14 18
arillas.com
Seit 2006 wird auf Korfu Bier gebraut. Fünf verschiedene Sorten stehen heute zur Auswahl, darunter auch ein korfiotisches Weißbier. Zudem stellt man hier die traditionelle Ingwerlimonade *tzizimbírra* als leicht alkoholhaltiges Getränk (2 %) her. Im Branding Shop sind auch Bier-Accessoires mit dem Logo der Brauerei erhältlich.

Broúklis ➡ B2
Im Dorfzentrum, Aríllas
✆ 26 63 05 14 18
Weil diese Taverne nicht direkt am Meer liegt, strengt sich der Wirt wohl noch etwas mehr an als viele seiner Kollegen. Die Portionen sind groß, der Service ist polyglott. €

Corfu Beer Festival
➡ B1/2
Aríllas
✆ 26 63 05 20 72
www.corfubeer-festival.com
Eintritt frei
Seit 2013 veranstaltet die ortsansässige Brauerei alljährlich Ende September ein fünftägiges Bier- und Kulturfestival mit jeweils einem anderen Partnerland. Biere und kulinarische Spezialitäten des Gastlands können verkostet werden, für Musik sorgen griechische Musiker und Folklore-Ensembles des Gastlands.

Doukádes ➡ D3

Beim Blick auf den Stadtplan der Inselmetropole mag man sich fragen, warum so viele Straßen dort nach einem Mitglied der Familie

Theotóki benannt sind. In diesem Bergdorf kommt man der Lösung näher. Hier hat die Familie ihren Stammsitz: ein großes traditionelles Herrenhaus, das noch immer der Familie gehört und von einem Familienmitglied bewohnt wird. Die ursprünglich aus der byzantinischen Reichshauptstadt stammende Adelsfamilie hat zahlreiche große Politiker und Kleriker hervorgebracht. Vielleicht auch darum ist das Dorf mit vielen EU-Fördermitteln fein herausgeputzt, das ganze Gassennetz samt Platía teuer gepflastert worden. Hier hält man sich gern ein halbes Stündchen oder länger auf.

Parken
Gebührenfreier Parkplatz an beiden Einfahrten ins Dorf. Im Dorf selbst keine Parkmöglichkeiten.

Corfu Donkey Rescue ➡ D3
von Paleokastrítsa (von dort kommend, hinter der BOP-Tankstelle nach links abbiegen, 2. Feldweg wieder links, Anfahrt auf der Homepage), Doukádes
✆ 69 47 37 59 92
www.corfu-donkeys.com
Seit 2005 nehmen sich die Britin Judy Quinn und ihr internationales Team der alten oder kranken korfiotischen Esel an, die von Bauern bei ihnen abgegeben werden. Bisher haben sie so schon über 500 Grautiere vor dem italienischen Schlachthof oder einem tristen Ende bewahrt. Außer im Juli und August können Besucher die Esel gern ein wenig ausführen, reiten darf man auf ihnen jedoch nicht.

Elisabeth ➡ D3
Am Dorfplatz, Doukádes
✆ 26 63 04 17 28
In der Traditionstaverne des Dorfs bringt die charmante Wirtin korfiotische Spezialitäten auf den Tisch. Auch der Hauswein aus eigener Herstellung mundet. €

Bergdorf Doukádes

Eríkoussa ➡ nordwestl. A1
Eríkoussa, im Größen-Ranking der bewohnten Inseln Griechenlands nur an 111. Stelle (4,5 km²), liegt zwölf Kilometer vor der Nordküste

Esel gibt es immer weniger auf Korfu

Die von Olivenbäumen und Zypressen gesäumte Bucht von Kalámi

Korfus. Nominell leben hier etwa 500 Menschen, doch die meisten davon sind nur im Sommer anwesend. Dann ist der Inselzwerg vor allem für Griechen und Italiener ein beliebtes Feriendomizil. Fähren und Yachten laufen die Mole des einziges Inselorts **Pórto** an, wo auch die beiden einzigen Inselhotels stehen. Eine Gasse führt vom Anleger 200 Meter weit ins Ortszentrum hinein und von dort als Straße wiederum 200 Meter aus dem Ort hinaus.

Direkt am Anleger beginnt auch der bis zu 20 Meter breite und etwa 300 Meter lange Sandstrand, der sich vor dem Ort entlangzieht. Er reicht bis zu einer Windmühle, hinter der sich in der nächsten kleinen Bucht das Elektrizitätswerk von Eríkoussa anschließt. Außer Baden, Essen und Trinken gibt es im Ort nichts zu tun – ideal für einen ganz entspannten Urlaub.

Die Insel bietet darüber hinaus auch Wandermöglichkeiten. Bereits am Platz vor der Mole machen große Infotafeln darauf aufmerksam. Mit EU-Fördermitteln wurden zehneinhalb Kilometer Wanderwege auf Eríkoussa angelegt und markiert. Verlaufen kann man sich nicht.

Schiffsverbindungen

➡ nordwestl. A1

Ab Korfu-Stadt mehrmals wöchentlich mit der »Aléxandros K II« (vgl. S. 31). Mit Personenschnellboten mehrmals wöchentlich ab Ágios Stéfanos Avliotón (vgl. S. 49). Am einfachsten: Mit dem täglichen Ausflugsboot ab Sidári. Einen Überblick über alle Fährverbindungen gibt die Website www.erikousa.gr.

Eríkoussa Beach

➡ nordwestl. A1

Im Ortskern an der Hauptgasse
Eríkoussa
✆ 26 63 07 15 55
hotelerikousa.gr
Das Restaurant des ersten und größten Inselhotels serviert vor allem gegrilltes Fleisch und frischen Fisch. An der Rezeption ist eine kostenlose Inselkarte erhältlich. €€

Ermónes ➡ G2

Am Strand von Ermónes soll der örtlichen Legende nach die Königstochter Nausikaa den an Land gespülten trojanischen Helden Odysseus gefunden haben (s. u.). Heute würde er hier sicherlich von Urlaubern zuerst entdeckt, denn die Hänge der kleinen Bucht sind mit Hotelanlagen vollgestellt. Für Inselrundreisende lohnt der Abstecher hierher kaum. Der Strand ist schmal und nur etwa 200 Meter lang, Tretboote werden verliehen.

Corfu Golf Club ➡ G2

Rópa Valley, an der Zufahrt nach Ermónes ausgeschildert
✆ 26 61 09 42 20
corfugolfclub.com
18-Loch-Platz. Clubhaus mit Restaurant öffentlich zugänglich.

Kalámi ➡ E7

Die tief unterhalb der Inselrundstraße gelegene, in den letzten Jahren touristisch stark entwickelte Sommersiedlung lohnt nur für ausgesprochene Fans der Durrell-Brüder (vgl. S. 14) den Abstecher. Im markanten kubischen, weißen Haus direkt am Wasser hat die Familie einige Jahre gelebt. Heute wird es als Ferienhaus vermietet, im Untergeschoss ist ein Restaurant (€€) angesiedelt.

Nach Passieren der Stichstraße hinunter nach Kouloúra und Kalámi folgt an der Inselrundstraße ein Belvedere, von dem man einen guten Blick auf die beiden Siedlungen hat. Meist bietet hier auch ein ambulanter Obstverkäufer seine Ware an.

5 Kassiópi ➡ D7

Das nordöstlichste Dorf Korfus ist ein Urlaubsort mit besonders viel griechischem Flair. Hier fühlt man sich eher wie in einer griechischen Kleinstadt und nicht wie in einer speziell für den Tourismus geschaffenen Ansammlung von Hotels und Pensionen. Eine Straße führt als Einbahnstraße in Form

Korfu und die Odyssee

Odysseus und die Sirenen auf einer griechischen Briefmarke (1983)

Odysseus war im 13. Jahrhundert ein König auf Ithaka, wenn man dem Epiker Homer glaubt, der nach gängiger Vorstellung im 8. Jahrhundert die großen Epen »Ilias« und »Odyssee« verfasste. Als listenreicher Krieger hatte Odysseus einen großen Anteil am Sieg der Griechen über die Trojaner im Trojanischen Krieg. Nur den Heimweg fand er wegen der Missgunst einer Göttin nicht gleich. Zehn Jahre lang irrte er mit seinem Schiff im Mittelmeer umher, kam sogar bis nach Gibraltar und vielleicht sogar darüber hinaus. Viel Zeit verbrachte er bei der schönen Nymphe Calypso auf der maltesischen Insel Gozo, bis die ihn entließ. Schließlich strandete Odysseus auf Korfu. Dort lebten damals die Phäaken. Die spielende Königstochter Nausikaa fand ihn am Strand von Ermónes und geleitete ihn zu ihrem Vater, König Alkinoós. Dem erzählte Odysseus ausgiebig seine Erlebnisse. Die Phäaken brachten ihn danach auf seine Heimatinsel zurück, wo seine Gemahlin trotz vieler Buhler ihm die Treue gehalten hatte.

eines geschwungenen Ypsilons von der Inselrundstraße in den Ort hinein und von der zentralen Platía verkehrsberuhigt hinunter zur Hafenbucht.

Diese windgeschützte Bucht hat Kassiópi schon in der Antike viele Besucher beschert. Die Schiffe der Römer und Griechen warteten hier auf gutes Wetter für die Überfahrt nach Italien oder lagen im Hafen, damit sich Mannschaft und Passagiere nach der Überfahrt von der Seekrankheit erholen konnten. Die Seefahrer konnten sich in einem Jupiter-Tempel den göttlichen Segen für die Überfahrt holen oder Dankesopfer darbringen. Auch berühmte Römer waren darunter, so 48 v. Chr. der Redner und Staatsmann Cicero oder 115 Jahre später der größenwahnsinnige Kaiser Nero. Auch die Venezianer nutzten später gern den Hafen und ließen hier eine Festung erbauen.

Heute ist Kassiópi das Schulzentrum der Region und dank seiner 1100 Einwohner auch im Winter lebendiger als viele andere Küstenorte der Insel. Wer zum Urlaub nach Kassiópi kommt, braucht auf Strand nicht zu verzichten: Ganz unterschiedliche Strände sind nur zehn bis 30 Minuten vom Hafen entfernt.

P Parken
Gebührenpflichtiger Parkplatz an der Straße zum Hafen. Am Hafen selbst nur wenige gebührenfreie Parkplätze.

Burg ➡ C/D7
Fußweg zur Burg gegenüber dem oberen Eingang zum Kirchhof der Panagía Kassópitra ausgeschildert (Gehzeit 2 Min.), Kassiópi
Tagsüber geöffnet
Eintritt frei
Die venezianische Burg nimmt fast die gesamte **Batería-Halbinsel** im Norden der Hafenbucht ein. Ihre Außenmauern sind noch gut erhalten. Von ihren einst 17 Türmen wurde der zentrale Torturm aufwendig restauriert und kann wieder bestiegen werden. Das Innere der Burg wirkt trotz modernem Wegenetz und teurem Lichtstrahlersystem recht verwildert, Hühner und Schafe fühlen sich im Wildwuchs wohl.

Batería Beach unterhalb der venezianischen Burg

Panagía Kassópitra ➡ D7

An der Hauptstraße kurz vor Erreichen des Hafens, Kassiópi
Die Besonderheit der alten Dorfkirche beim Hafen ist ein kleines Häuschen auf dem Dach. Früher diente es dem Dorfpriester als Bleibe. Die heutige Kirche wurde 1537 erbaut und Maria geweiht und 1590 noch einmal verändert. In der Antike stand hier ein Tempel für den römischen Göttervater Jupiter, den die Griechen zuvor Zeus genannt hatten. Frühe Christen errichteten über der Tempelruine im 5./6. Jh. eine Basilika, im Mittelalter nahm dann eine Kirche ihren Platz ein, die die Türken bei einem Überfall auf Korfu zerstörten.

Die Wandmalereien aus dem 17. Jh. im Kircheninneren verbleichen zusehends. Klar und deutlich erzählt jedoch eine schöne Ikone an der linken Seitenwand eine Geschichte: Im Jahr 1670 rettete die heilige Jungfrau den Maler Theódoros Pavlákis aus Seenot, der ihr daraufhin dieses Bild malte. Historisch interessant ist die Darstellung des Kassiópi von vor 350 Jahren auf der Ikone – das Priesterhaus auf der Kirche ist bereits zu erkennen.

Avláki Beach ➡ D7

Der 500 m lange und noch weitgehend unverbaute Strand besteht aus Kies und grobem Sand. In 1,5 km vom Hafen zu Fuß zu erreichen, auch mit Auto zugänglich.

Batería Beach ➡ C7

100 m langer, von Grün umrahmter Kiesstrand an der Spitze der Burghalbinsel. Liegestühle und Sonnenschirme werden auf dem Strand und oberhalb zwischen den Olivenbäumen vermietet. Vom Hafen 10 Fußminuten entfernt.

Main Beach ➡ D7

Etwa 200 m langer Kiesstrand an der Westseite des Orts.

Fischzucht wird bei Kassiópi betrieben

Trilogía ➡ C7

Am Rundweg um die Batería-Halbinsel, Kassiópi
✆ 26 63 08 15 89
www.trilogiacorfu.com
Das gepflegte Restaurant, das man am besten zu Fuß ansteuert, bietet feine griechische Küche. Eine Besonderheit sind die viergängigen Menüs zum günstigen Preis, die wahlweise mit Fisch oder Fleisch angeboten werden. €€–€€€

Tavernáki ➡ D7

An der Ostseite des Hafenbeckens, Kassiópi
✆ 26 63 08 15 29
Romantisch gestylte Taverne am Hafen, gute griechische und internationale Küche, auch viel für Vegetarier. €€

Jánis ➡ D7

An der Einmündung der aus dem Ort hinausführenden Dorfstraße in die Nationalstraße, Kassiópi
✆ 26 63 08 10 82
www.janisrestaurant.com
Die Taverne mit großer Terrasse unter Yucca-Palmen fast direkt am Meer ist perfekt auf – vor allem britische – Urlauberwünsche ein-

Das klare Wasser des Ionischen Meeres bietet ideale Bedingungen für den Tauchsport

gestellt. Der Service ist exzellent, die Portionen sind groß, Diätwünsche werden gern erfüllt. €–€€

Batería Water Sports ➡ C7
Batería Beach, kein Telefon
Verleih von einfachen Tretbooten und Kanus.

Filíppos Boat Hire ➡ D7
Am Hafen, Kassiópi
✆ 26 63 08 19 11
www.filipposboats.com

Motorboote bis zu 30 PS können führerscheinfrei gemietet werden. Der Pionier der korfiotischen Bootsvermieter hat aber auch richtige Power-Boote mit bis zu 400 PS im Angebot, für die man entweder einen Bootsführerschein oder einen Skipper benötigt.

Mariä Entschlafung ➡ D7
Kassiópi
Der Tag, an dem Mariens Seele gen Himmel gehoben wurde (die leibliche Himmelfahrt ist in der orthodoxen Kirche kein Dogma), wird am 14. und 15. August mit einem großen Kirchweihfest am Hafen begangen.

Kouloúra ➡ E7

Tief unterhalb der Inselrundstraße liegt ein beliebtes Ansichtskartenmotiv: Der winzige, ellipsenförmige Bootshafen von Kouloúra. Am Kai steht eine große, mit roten Ziegeln gedeckte Villa aus venezianischer Zeit. Sie ist heute in Privatbesitz und kann nicht besichtigt werden, Parkplätze sind dort unten äußerst knapp. Man genießt den Blick besser vom Aussichtspunkt an der Inselrundstraße aus.

Der ellipsenförmige Bootshafen von Kouloúra

Pool des Golden Fox in Lákones

Lákones ➡ D2

Das lang gestreckte Dorf am Hang dient vor allem als Aussichtsbalkon hinunter auf die Olivenwälder, Buchten und Steilufer von Paleokastrítsa. Mehrere Tavernen und Cafés sind extra dafür erbaut worden. Am besten geht man in eins, vor dem gerade keine Ausflugsbusse stehen.

Golden Fox ➡ D2

An der Straße Richtung Makrádes
Lákones
✆ 26 63 04 91 01
corfugoldenfox.com

Clou des Lokals ist sein kleiner, Tag und Nacht nutzbarer Pool auf einer Art Himmelsbalkon am steilen Hang über Paleokastrítsa. Die SB-Cafeteria auf Straßenniveau ist auf schnellen Gästeumschlag eingestellt, das Restaurant eine Etage tiefer hat mehr Niveau. Hier wird auch *noúboulo* warm serviert, die korfiotische Variante des geräucherten Schweineschinkens.

Dolce ➡ D2

An der Straße Richtung Makrádes
Lákones
✆ 26 63 04 92 78
www.facebook.com/dolcelakones

Man sitzt auf schicken Sofas unter Sonnensegeln, genießt den genialen Ausblick und lässt sich dazu die eine Etage tiefer von der Mama selbst gebackenen Kuchen und Torten sowie das hausgemachte Eis schmecken.

Kurzwanderung nach Paleokastrítsa ➡ D2

Im Ortszentrum steht an der Hauptstraße ein kleiner Wegweiser, der auf den 30- bis 40-minütigen Fußweg durch Olivenhaine hinunter nach Paleokastrítsa aufmerksam macht.

Liapádes ➡ E2

Liapádes ist ein deutlich zweigeteilter Ort. Der große historische Kern liegt zwei Kilometer vom Meer entfernt an einem Hügel. Eine schmale Straße führt an den Wohnhäusern der Einheimischen vorbei zur winzigen Platía, einem der schönsten Dorfplätze Korfus. Dort lässt sich in den einfachen, traditionellen Kafenía vormittags und abends gut korfiotisches Dorfleben studieren. Der zweite Ortsteil besteht überwiegend aus Hotels und kleinen Apartmentanlagen, die sich vom Sportplatz entlang einer teilweise recht steil abfallenden Straße bis an den Strand hinunterziehen. Der ist etwa 150 Meter lang und säumt das innerste Ende der Bucht von Paleokastrítsa.

P Parken
Keine Parkmöglichkeiten an der historischen Dorfstraße, nur etwa fünf Parkplätze auf der Platía.

Costas Steak House ➡ E2
Im alten Dorfkern, Liapádes
✆ 26 63 04 10 93
www.costassteakhouse.com
Alles, was man grillen kann, gelingt hier aufs Beste. Vorspeisen, Salate, Saucen und Dips sind innovativ auf regionaler Basis konzipiert.

Liapades Boat Hire ➡ E2
Am Strand von Liapádes
✆ 69 07 29 05 63
liapadesboathire.com
Motorbootvermietung für Fahrten an die vielen größtenteils anders nicht zu erreichenden Strände in den Buchten von Paleokastrítsa.

Makrádes ➡ D2
Das große Binnendorf ist ein beliebter Haltepunkt auf Inselrundfahrten. Ein Bummel durch den historischen Ortskern dauert etwa 15 Minuten.

Colombo ➡ D2
An der Hauptstraße im Dorfzentrum, Makrádes
✆ 26 63 04 93 76
Die alteingesessene Taverne ist ein reiner Familienbetrieb. Besonders gut sind die Fleischgerichte, insbesondere das Lamm-Souvláki ist zu empfehlen. Im Innenraum ist eine alte Olivenpresse zu sehen. €

Von Liapádes aus sind viele schöne Buchten nur mit dem Boot zu erreichen

Mathráki ➡ nordwestl. A1
Das nur acht Kilometer vor der Nordwestküste gelegene Eiland (3,1 km², 300 Einw.) lohnt wohl nur für eifrige Inselsammler und Hobby-Eremiten einen Besuch. Die wenigen Insulaner verteilen sich noch auf zwei Weiler. Einen Sandstrand und Tavernen findet man direkt am Fähranleger (Fährverbindungen vgl. S. 49).

Mirtiótissa ➡ G2
Die kurzen, schmalen Strände von Mirtiótissa sind nur mit dem Jeep oder zu Fuß zu erreichen. Gerade das aber scheint viele Besucher anzulocken. Man lässt seinen Wagen am besten auf dem Parkplatz im Olivenhain direkt an der ausgeschilderten Abzweigung von der Asphaltstraße stehen und geht dann etwa 30 Minuten zu Fuß. Eine erste Taverne liegt dort, wo sich der Feldweg steil zum Meer hin absenkt. Eine zweite, einfachere Taverne befindet sich oberhalb des Strandes.

Von dort sind es dann etwa 200 Meter bis zum gepflegten, kleinen **Kloster Mirtiótissa**, in dem noch ein gastfreundlicher Mönch lebt. Es wurde bereits im 14. Jahrhundert gegründet, doch die Gebäude und die Kirche stammen aus dem 19. Jahrhundert. Kunsthistorisch ist der Komplex unbedeutend, der Garten und die einsame Lage fast direkt am Ionischen Meer sind jedoch schön.

Nímfes ➡ C4
Das abseits gängiger Routen gelegene Dorf befindet sich am Rand eines kleinen Tals, in dem zahlreiche Koum-Kouat-Bäume gedeihen. Eine Taverne ist hier nur im Hochsommer geöffnet. Am nördlichen Dorfrand rechts der Straße zur Nordküste befindet sich mit der **Kirche Stavroménos** ein Gotteshaus aus dem 17./18. Jh., das in Griechenland architektonisch einzigartig ist. Es erinnert entfernt an eine ceylonesische Dagoba. Bauherr oder Architekt haben diese Bauweise womöglich auf einer ihrer Reisen bewundert und hier nachgeahmt. Die Kirche ist nur von außen zu besichtigen.

Kirche Stavroménos in Nímfes

Im Frühjahr und nach heftigen Regenfällen lohnt der etwa 800 Meter lange Fußweg zu den kleinen **Wasserfällen** südöstlich des Dorfs. Der Weg dorthin ist ab dem Dorfzentrum ausgeschildert.

Nissáki ➡ E6
Der Dorfkern liegt hoch über dem Meer an der Inselrundstraße am Hang des Pantokrátoras. Einen kurzen (ausgeschilderten) Abstecher wert ist der winzige Hafen mit einem ins Meer hinaus gebauten Restaurant. Gebadet wird hier auch, doch man fragt sich warum.

Mítsos ➡ E6
Am Ende der Straße ans Meer
Nissáki
✆ 26 63 09 12 40
www.mitsostaverna.gr

Die Terrasse der Taverne Mítsos in Nissáki ragt ins Meer hinaus

Auf der Terrasse sitzt man auf drei Seiten von Wasser umgeben. Spezialität des Hauses ist eine Lemon Tarte.

Othoní ➡ nordwestl. A1
Die größte der Diapontischen Inseln (10 km², 600 Einw.) ist 22 Kilometer vom Kap Drástis entfernt und letzte griechische Station auf dem Weg hinüber nach Italien. Mit dem 393 Meter hohen Fáno besitzt Othoní auch den höchsten Gipfel der Diapontischen Inseln. Der Hauptstrand beim einzigen Inselort Ámmos ist recht steinig, aber kilometerlang. Einzelne Gehöfte liegen in Olivenurwäldern über die ganze Insel verstreut; Ziel für eine etwa fünfstündige Wanderung quer über die Insel ist ihr Leuchtturm. Fährverbindungen vgl. S. 49.

Pági ➡ C2
Das kleine Bergdorf war 1979 Drehort für eine Szene des James-Bond-Klassikers »For your eyes only – In tödlicher Mission«. Hier wurde mit einem alten Inselbus und einem Citroën 2 CV eine wilde Verfolgungsjagd gedreht, die in Spanien spielte. Die Wirte des Kaffeehauses Spyros zeigen stolz ein Fotoalbum mit Bildern von den Dreharbeiten.

6 Paleokastrítsa ➡ D2
Der nur 300 ständige Bewohner zählende Ort an der Westküste ist als Dorf kaum erkennbar. Fast alle Häuser und Hotels sind in dichte Olivenwälder eingebettet und ziehen sich locker verstreut zu beiden Seiten der über zwei Kilometer langen Dorfstraße entlang. Links dieser Straße liegt die stark zerklüftete Bucht von Paleokastrítsa mit über 20 Stränden, von denen viele nur zu Fuß oder gar nur mit dem Boot erreichbar sind. Wer hier Urlaub macht, sollte sich darauf einstellen, viel zu Fuß zu gehen, denn auch Restaurants, Cafés und Bars sind entlang der gesamten inseleinwärts ansteigenden Straße verteilt.

Busverbindung
Busverbindungen mit Korfu-Stadt (Platía Sarocco) sowie zweimal tägl. mit Makrádes und Lákones.

Parken

Ein großer, im Hochsommer gebührenpflichtiger Parkplatz liegt am tiefsten Punkt des Orts vor dem Wiederanstieg der Straße hinauf zum Kloster. Am Kloster sind die gebührenfreien Parkplätze meist sehr knapp. Gute gebührenfreie Parkmöglichkeiten bestehen am Hafen.

Kloster Theotókos ➡ D2

Am äußersten Ende der den Ort durchziehenden Straße
Paleokastrítsa
✆ 26 62 04 12 10, en.imcorfu.gr
Eintritt frei

Das schon 1228 gegründete Männerkloster steht auf einem Kap, das nur durch eine schmale Landenge auf Meeresniveau mit der Insel verbunden ist. Seit einigen Jahrzehnten ist die unmittelbare Umgebung dicht bewaldet. Eine Einbahnstraße (Ampelregelung) führt hinauf. Eine Inschrift am Eingang nennt das Jahr der Gründung; die Gebäude und die Kirche stammen jedoch aus dem 18. Jh.

Am blumenreichen Innenhof erhebt sich die 1722 geweihte Klosterkirche, die einige interessante Ikonen besitzt. Besonders erzählfreudig sind die beiden jeweils vierteiligen Ikonen aus dem Jahr 1713, die die Schöpfungsgeschichte illustrieren. Im kleinen Klostermuseum sind weitere Ikonen, eine Bibel aus dem 13. Jh. und zahlreiche Votivgaben von Gläubigen ausgestellt. Auch ein Gästebuch liegt dort aus, in das sich vor über 100 Jahren Kaiser Wilhelm II. eingetragen hat.

Aquarium und Terrarium ➡ D2

Am Großparkplatz vor dem Anstieg der Straße zum Kloster
Paleokastrítsa
✆ 26 63 04 13 39
www.corfuaquarium.com

Das private, nicht sehr aufwendig gestaltete Aquarium zeigt in 18 Becken Fische und andere Meerestiere des Mittelmeers. In einigen Terrarien fristen exotische Schlangen ein trauriges Dasein.

Flavor ➡ D2

An der Straße nach Lákones
Paleokastrítsa
✆ 26 63 04 10 14

Vorspeise und Dessert gehen aufs Haus, alle Hauptgerichte werden frisch zubereitet, die Portionen sind stattlich. Das Ambiente ist ebenso modern wie die Küche. €€

La Grotta ➡ D2

Unterhalb der Dorfstraße etwa in der Ortsmitte, Paleokastrítsa
✆ 26 63 04 10 06
www.lagrottabar.com

Schon tagsüber entspannt man hier schön am Wasser, abends werden die umliegenden Felsen auch noch effektvoll angestrahlt. Bei chilliger Musik sitzt man entweder unterm Sternenhimmel oder drinnen in einer gut gestylten künstlichen Grotte.

Kloster Theotókos in Paleokastrítsa

Korfu Diving by Achilleon Diving Centre ➡ D2
An der Ambeláki-Bucht
Paleokastrítsa
✆ 69 32 72 90 11
korfudiving.com
Das bereits 1963 gegründete, deutschsprachige Tauchzentrum gilt als eins der besten ganz Griechenlands. Vom täglichen Schnuppertauchen für Anfänger über Tauchkurse bis hin zu Tauchgängen für Könner vor den Küsten der Inseln Othoní und Páxos reicht das Angebot.

Ski Club 105 ➡ D2
Ágios Pétros Beach (nahe Großparkplatz), Paleokastrítsa
✆ 69 76 65 01 75, skiclub105.com
Wasserski, Wakeboard, Tret- und Motorboote.

Paléo Períthia ➡ D6

»Alt-Períthia« war in venezianischer Zeit ein wohlhabendes Dorf. Heute wohnt niemand mehr ständig dort. Einige Kirchen, Häuser und Wirtschaftsgebäude sind gut erhalten geblieben oder wurden in den letzten Jahren restauriert, andere schmücken als Ruinen stimmungsvoll die einsame Landschaft. Das ehemalige Dorf liegt in einem vom Meer und damit früher von Piraten uneinsehbaren Hochtal unmittelbar unterhalb des Pantokrátoras, eine gute Straße führt von der Nordküste aus bis hinauf an den Dorfrand. Durch Dorf und Tal geht man dann zu Fuß. Fürs leibliche Wohl sorgen mehrere gute Tavernen. Linienbusverbindungen bestehen nicht.

7 Pantokrátoras ➡ D6

Der Pantokrátoras ist mit 906 Metern der höchste Gipfel der Insel. Eine kurvenreiche, aber gut ausgebaute Straße führt bis ganz oben hinauf. Eine Hälfte des zweiteiligen Gipfels nimmt eine große Antennenanlage ein, die andere das Gelände eines Klosters, das Christus als Allesbeherrscher (griech.: Pantokrátoras) geweiht war. Es wurde 1347 gegründet und nach seiner Zerstörung durch die Türken im 17. Jahrhundert wieder aufgebaut. Aus dieser Zeit stammen auch die Fresken im Kircheninnern, während die Ikonostase ein Werk des 18. Jahrhunderts ist. Vor dem Eingang zum Klostergelände liegt ein kleines Café. Der Blick vom Gipfel reicht bis zum Süden Korfus, bis

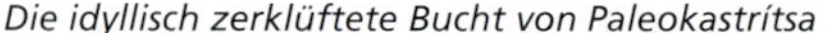

Die idyllisch zerklüftete Bucht von Paleokastrítsa

Spektakuläre Kalksteinformation am Kap Drástis

zu den Othonischen Inseln und weit in die griechische Festlandsregion Epirus sowie nach Albanien hinein.

Pantokrátoras Kloster
➡ D6
Auf dem Gipfel Pantokrátoras Kloster und Cafe sind tagsüber geöffnet
Kloster auf dem Gipfel mit tollem Weitblick. Mit Café.

Perouládes ➡ A3

Das Dorf auf einer kleinen, grünen Hochebene besitzt noch viel alte Bausubstanz. Aus Richtung Sidári geht eine Rundstraße durch den Ort.

Am markanten Schulgebäude führt eine Nebenstraße steil bergan und senkt sich dann ab zum **Kap Drástis** ➡ A3, der Nordwestspitze der Insel. Ein wenig fühlt man sich hier an die berühmten Kreidefelsen von Rügen oder Dover erinnert. Anders als dort sind dem Kap hier winzige weiße Felsschollen vorgelagert, an denen Selbstfahrer mit ihren (in Sidári, Arillás oder Ágios Stéfanos Avliotón gemieteten) Motorbooten anlegen. In der Ferne sind die Inseln Mathráki und Othoní Sprungsteine auf dem Weg nach Italien. Bis zum ersten Aussichtspunkt kann man auch mit dem Pkw fahren, danach wird der Feldweg recht holprig. Er endet an einer winzigen Felsbucht, an der man sonnenbaden kann. Ins Wasser sollten hier aber nur gute Schwimmer gehen.

Biegt man von der Dorfrundstraße erst etwa 400 Meter hinter dem Abzweig zum Kap rechts ab, gelangt man zur Steilküste mit der Panoramabar oberhalb des **Lógas Beach** ➡ A2 und genießt eine fantastische Aussicht. Zum Sandstrand unterhalb der Steilküste führt neben der Bar ein Stufenweg hinab. Der Strand ist je nach Gezeitenstand mal sehr schmal, mal bis zu fünf Meter breit. Zeitweise kann man an ihm viele Hundert Meter gehen, dann wieder sind Teile vom Wasser überspült. Liegestühle und Sonnenschirme werden hier nicht vermietet; Schwimmer sollten der Strömungen wegen in Ufernähe bleiben.

Canal d'Amour: wer ihn durchschwimmt, soll Glück in der Liebe haben

Panórama/7th Heaven ➡ A2
Am Straßenende über der Steilküste (gut ausgeschildert)
Lógas Beach
✆ 26 63 09 50 35
Wer mutig ist, geht mit einem Glas in der Hand auf den Skywalk über dem Lógas Beach. Ganz sicher sitzt man an den Tischen am Rand der Steilküste mit atemberaubendem Blick aufs Ionische Meer und vorgelagerte Inselchen. An der Bar geht es bei Chill-out-Musik recht kommunikativ zu. Das dazugehörige Restaurant liegt ruhig auf der Landseite der Rasenfläche. €€

Róda ➡ B5

Die einst winzige Küstensiedlung ist dank mehrerer großer Hotelanlagen am Ortsrand ein lebendiger Urlaubsort geworden. Das eigentliche Ortszentrum ist aber gerade einmal 100 mal 100 Meter groß und bietet keinerlei Sehenswürdigkeiten.

Aléxandros ➡ B5
Etwa 400 m nordwestlich des Zentrums am Strand (kurz vor der Hotelanlage Mitsís Róda Beach)
Róda
✆ 26 63 06 37 71
alexandrosroda.com
Perfekt auf Urlauber eingestellte Taverne mit schnellem, stets gut gelauntem Service und allem Gängigen, das Ausländer gern essen. Mehrmals wöchentlich Livemusik, Folklore und Party. €€

Katreena Horse Riding ➡ B5
An der Brücke Richtung Hotel Mitsís Róda Beach, Róda
✆ 69 44 82 94 61, de-de.facebook.com/katreenahorseriding

Sidári ➡ A3

Mit 17 000 Fremdenbetten ist Sidári der größte Ferienort im Norden der Insel. Den Charme des Fischerdorfs aus den 1970er Jahren hat es verloren, dafür jenen eines vor allem von Briten bevorzugten Resorts mit zahlreichen Unterhaltungsmöglichkeiten hinzugewonnen: Bars mit Fernsehschirmen für Sportübertragungen, Fast-Food-Restaurants, Tattoo-Studios etc. Unverändert schön ist die einzigartige Küste des Orts mit Bademöglichkeiten zwischen fast weißen, niedrigen Sandsteinklippen, auf denen Liegestühle stehen. Selbst mit

Tretbooten kann man Klippeninselchen dicht vor der Küste ansteuern, mit Motorbooten an der sich anschließenden hohen Steilküste entlangtuckern.

Wer hier nicht wohnt, sollte zumindest die zentrale Küste um den 8 **Canal d'Amour** ein halbes Stündchen lang erkunden. Dieser »Kanal« ist ein natürlicher Felstunnel. Früher hieß es, dass Frauen mit Heiratswunsch schon bald vor den Traualtar treten würden, wenn sie den Kanal durchschwämmen.

P Parken

Kostenfrei und zentral parkt man am Hafen.

D'Amour ➡ A3

Im östlichen Bereich des Canal-d'Amour-Gebiets, an der Küstenstraße ausgeschildert

✆ 69 44 96 45 38

Weitläufige Beach Bar und Restaurant, Service auch an den Liegestühlen auf den Sandsteinklippen.

The Yellow Boat Company

➡ A3

Am Hafen, Sidári

✆ 69 77 45 49 50, www.facebook.com/SidariOriginalYellowBoats

Mit den Booten unter 30 PS kann man auch ohne Bootsführerschein die gesamte Nordküste zwischen Ágios Spirídonos und Perouládes erkunden, an den Inselchen vor dem Kap Drástis anlegen und die weiße Steilküste aus großer Nähe erleben.

Sokráki ➡ D4

Das abseits der üblichen Routen gelegene, recht stille Bergdorf mit ein paar schlichten Kafenía entlang der Dorfstraße steuert man an, wenn man Korfus abenteuerlichste Bergstraße befahren will. In etlichen steilen Serpentinen windet sich diese zumeist nur einspurig, aber durchgehend asphaltiert den schroffen Hang zwischen Sokráki und Áno Korakianá hinunter.

Strinilás ➡ D5

Das höchstgelegene Dorf der Insel liegt am Weg, wenn man von Süden auf den Pantokrátoras fährt. Die Straße führt über den winzigen Dorfplatz, wo die Dorftaverne von einer über 200-jährigen Ulme beschattet wird.

Grillfleisch ist von korfiotischen Speisekarten nicht wegzudenken

Der Inselsüden

Der Inselsüden ist der landschaftlich sanftere Teil der Insel. Zwar gibt es auch hier noch einige Steilküsten, doch überwiegend sind die Küstenregionen flach mit oft kilometerlangen Sandstränden. Olivenwälder bedecken auch hier große Flächen. Eine Besonderheit ist der große **Koríssion-See**, der nur durch eine ganz schmale Öffnung mit dem offenen Meer verbunden ist. Ebenso wie die ehemalige Saline von Lefkími ist er im Winterhalbjahr ein Vogelparadies. Das große Doppeldorf Messóngi-Moraítika ist der Haupturlaubsort. Lefkími, Korfus zweitgrößte Stadt, bietet hingegen so gut wie keine Hotels, hier ist das Leben noch urgriechisch.

Die Vista Points sind alphabetisch sortiert.

Ágios Geórgios Argirádon

➡ N3

Die zum großen Binnendorf **Argirádes** ➡ N4 gehörende Sommersiedlung hat sich zu einem Ferienort entwickelt, der sich über zwei Kilometer Länge entlang des Ionischen Meers erstreckt. Direkt vor dem Ort befinden sich mehrere kleine Strände. Nördlich des Orts liegt der breiteste Sandstrand der Insel mit großem Dünengelände, das bis zum **Koríssion-See** ➡ L/M2/3 (vgl. S. 69) reicht. Besonders beliebt ist der auch Ágios Geórgios South genannte Ort bei Wind- und Kitesurfern. Einen historischen Ortskern gibt es nicht. Von April bis Oktober besteht ein- bis zweimal täglich eine Busverbindung mit der Stadt.

Café Harley ➡ N3

Am nördlichen Ende der Küstenstraße
Ágios Geórgios Argirádon
✆ 26 62 05 25 40
cafe-harley.de
Das von einem deutsch-griechischen Ehepaar betriebene moderne Lokal ist der Treffpunkt von Wind- und Kitesurfern. Salate, Crêpes, Baguettes, Sandwiches und Pasta dominieren die Speisekarte. Zum Lokal gehört eine Anlage für KoJa-Golf, eine von den Inhabern selbst entwickelte Variante des Minigolf. Auch Távli (Backgammon) wird hier gespielt. €

Malibu ➡ N3

Im südlichen Bereich der Küstenstraße, Ágios Geórgios Argirádon
✆ 26 62 05 29 98
Eine der ältesten Tavernen im Ort, typisch griechisch geblieben. Die Portionen sind groß, die Preise relativ günstig. €

Surfer-Treffpunkt: Café Harley bei Ágios Geórgios Argirádon

Beliebtes Fotomotiv: die Felsnadel bei Ágios Górdis

Mango ➡ N3
Am nördlichen Bereich der Küstenstraße
Ágios Geórgios Argirádon
Der Treff der Surfer- und Bikerszene im Ort, direkt am Sandstrand. Zur Abkühlung kann man hier zwischendurch auch mal ins Wasser gehen.

Kite Club ➡ M2
Station auf der Nehrung zwischen Meer und Korission-See
✆ 69 77 14 56 14
www.kite-club-korfu.com
Bei Ágios Geórgios Argirádon liegt das einzige gute Revier der Insel für Kitesurfer. Die deutschsprachige Station bietet Kurse an und verleiht auch das Gerät. Privatstunden sind ebenfalls möglich. Außerdem kommen hier Stand-up-Paddler auf ihre Kosten.

9 Ágios Górdis ➡ J3

Viel fotografiertes Wahrzeichen des auch Ágios Górdios genannten kleinen Badeorts ist eine markante Felsnadel unmittelbar vor der hier grünen, steil abfallenden Küste. Dort beginnt der sich weit in Richtung Norden ziehende Sandstrand. Eine Strandpromenade gibt es nicht, dafür aber eine etwa 300 Meter lange, schmale Dorfstraße mit vielen Cafés, Bars, Tavernen und ein paar Geschäften.

Parkplätze
Gebührenpflichtiger Parkplatz am Strand. Keine Parkmöglichkeiten entlang der Dorfstraße, Fahrzeug besser an der Küstenstraße stehen lassen.

Sebastian's ➡ J3
An der Dorfstraße nahe der Einmündung in die Küstenstraße
Ágios Górdis
✆ 69 45 77 03 22
www.sebastians-corfu.com
Meerblick hat man hier nicht, dafür kann man sich ganz aufs gute Essen konzentrieren. Die korfiotische Fischsuppe *bourdétto* steht hier täglich auf der Speisekarte. €€

Madison Garden ➡ J3
Am mittleren Teil der Dorfstraße
Ágios Górdis
✆ 26 61 05 32 08
Die schon ab mittags geöffnete, angenehm gepflegte Cocktailbar verwöhnt ihre Gäste tagsüber mit ungewöhnlichen Getränken wie Rosenlimonade und Coffee

Shopping-Tipp: Iónios Ánemos in Chlomós

Smoothies, Mocktails und frisch gepressten Säften. Zu späterer Stunde trinkt man hier zahlreiche – auch edle – Spirituosen und vor allem bunte Cocktails. Auch Süßes und kleine Snacks werden serviert. €€

Boukári ➡ M4

Der winzige Küstenort mit kleinem Fischerhafen ist kaum mehr als eine Ansammlung exzellenter Fischtavernen, die sich über zwei Kilometer entlang der schmalen Uferstraße verteilen. In den meisten sitzen die Gäste direkt am Meer. Gut sind sie alle.

Der fünf Kilometer lange Spaziergang von Messóngi nach Boukári führt zwar äußerst verlockend fast immer am Ufer entlang, aber leider nur auf der viel befahrenen, schmalen Küstenstraße. Wer ihn trotzdem unternehmen möchte, sollte sich für den Rückweg bei Dunkelheit besser ein Taxi rufen lassen. Nach Boukári gibt es keine Linienbusverbindung.

Chlomós ➡ M4

Die Häuser des großen Binnendorfs ziehen sich wie die Ränge eines Amphitheaters an einem grünen Hang entlang. Der große historische Dorfkern ist weitgehend autofrei, besonders schön ist der Blick von oben auf die alten Ziegeldächer.

P Parken

Gebührenfreier Parkplatz im Dorf, Zufahrt ab der Straße im Süden des Dorfs. Bei der Taverne Bális nur Parkmöglichkeiten an der steilen Straße.

Bális ➡ M4

Zufahrt von der Küstenstraße Messóngi-Boukári aus, am Dorfrand von Chlomós
✆ 26 62 05 24 49
corfu-balis.gr
Kleine, ländliche Taverne mit toller Aussicht auf die grüne Küste und bis hinüber zum Festland. Typische Tavernenkost und viele Gerichte vom Holzkohlengrill. Freitag- und samstagabends häufig griechische Livemusik. €

Iónios Ánemos ➡ M4

Etwas oberhalb der Taverne Bális (dort Wegweiser) an einer kleinen Gasse, Chlomós
Inhaber Iónios ist Bastler, Sammler und Künstler. Vieles, was er hier verkauft, hat er selbst hergestellt. Besonders schön sind seine Segelboote aus Strandgut.

Gardíki ➡ L2

An der Stelle, an der die Straße zum Nordufer des Koríssion-Sees von der Küstenstraße abzweigt, steht eine sehr leicht zu übersehende Burgruine. Sie erhebt sich nur geringfügig über die Umgebung. Ein Linienbus fährt nicht hierher.

Weingut Livadhiótis ➡ L2

Links der Straße von Gardíki zum Koríssion-See
Die älteste Weinkellerei des Inselsüdens ist die schlichteste der Insel. Man verkostet die Weine im Freien. Für den Abend im Hotel oder Apartment kann man gut

eine Flasche mitnehmen, doch den Transport im Flugzeug überstehen diese Weine meist nicht unbeschadet.

Kávos ➡ Q6
Kávos besuchen vor allem sehr junge Briten und Iren auf Party-Urlaub. Auf der Dorfstraße ist in der Nacht sehr viel mehr los als am Tage, die Open-Air-Bars hier sind besonders auf die Vielzahl ihrer Fernsehbildschirme stolz. Der Strand ist schmal und wenig attraktiv; man sonnt sich vor allem an den vielen kleinen, öffentlich zugänglichen Pools von Pensionen und Apartmenthäusern.

Es gibt nur einen einzigen halbwegs guten Grund, ausgerechnet nach Kávos zu fahren: die hin und zurück sechs Kilometer lange Wanderung zum etwa 100 Meter hohen Südkap von Korfu, dem **Kap Arkoudíllas** ➡ Q5, wo die Ruine eines kleinen Klosters nach und nach von der Natur zurückerobert wird. Erkennbar sind noch die Mauern der Klosterkirche und des Glockenträgers. Das frei zugängliche Kap ist nur per Jeep oder zu Fuß (ausgeschilderter Corfu Trail) zu erreichen.

Koríssion-See ➡ L/M2/3
Der etwa sechs Kilometer lange und einen Kilometer breite Brackwassersee ist seit venezianischer Zeit durch einen kurzen künstlichen Kanal mit dem Ionischen Meer verbunden. Auf der Landseite des Kanals liegt bei der Fußgängerbrücke eine Fischereistation. Fischereirechte besitzen hier nur die Bewohner der umliegenden Dörfer. Sie werden jedoch kaum noch genutzt. Im See kommt vor allem die ausgesprochen grätenreiche und kaum zu vermarktende Fischart *Kefalópsari* (Kopffisch) vor. Gelegentlich werden im See auch winzige Krabben gefischt, die noch kleiner sind als der norddeutsche Granat.

Zwischen Oktober und April ist der See ein bedeutendes Vogelschutzgebiet, in dem über 130 verschiedene Arten gezählt wurden, darunter sowohl Kurzzeitgäste während des Vogelzugs als auch Überwinterungsgäste. Im See baden kann man nicht; gute Strände liegen jedoch auf den beiden Nehrungen (Landzungen) auf der Meerseite zwischen **Chalikoúnas** ➡ L2, einer Streusiedlung im Norden, und **Ágios Geórgios**

Kávos erwacht erst abends zum Leben

Argirádon ➡ N3 (vgl. S. 66), das auch mit dem Linienbus zu erreichen ist.

Fährt man von Chalikoúnas die in eine Staubpiste übergehende Straße Richtung Meer bis an die Küste, gelangt man auf die nördliche Nehrung. Hier beginnt ein langer, schmaler Sand-Kies-Strand, der meist nur wenig besucht ist. Im Sommer werden hier zwei sehr einfache Beach Bars betrieben. Der gut befahrbare Feldweg über die Nehrung endet an dem kurzen Kanal mit Fußgängerbrücke.

Alonáki Bay ➡ L2
Von der Nehrung aus in die erste Straße nach links abbiegen (unauffällig ausgeschildert)
Chalikoúnas
✆ 26 61 07 58 72
Weitab von anderen Häusern wirkt die Terrasse der ländlichen Taverne wie ein kleines Pflanzenparadies. Tische und Stühle stehen mit reichlich Abstand zueinander in einem üppig grünen Garten, von einigen Plätzen blickt man auf den improvisierten Bootsliegeplatz von Chalikoúnas hinunter. Korfiotische Spezialitäten werden hier täglich frisch zubereitet, stets steht auch die Fischsuppe *bourdétto* auf der Karte. Manchmal gibt es sogar Fisch und Krabben aus dem Koríssion-See, die sonst niemand auf der Insel seinen Gästen anbietet. €

⑩ Lefkími ➡ O5/6

Korfus zweitgrößte Stadt (mit 2900 Einw.) ist kaum mehr als ein sehr weitläufiges Dorf. Es gibt keine größeren Hotels und überhaupt kaum Ferienquartiere, keine Souvenirgeschäfte und nur wenige Tavernen. Diese konzentrieren sich auf die beiden Ufer des schmalen Flusses Chimáros, der einen Kilometer später ins Meer mündet. In den Tavernen am Kanalhafen hängen historische Fotos, die zeigen, wie betriebsam

Der Strand von Chalikoúnas zwischen Meer und Koríssion-See

Idyllisch sitzen am Kanal in Lefkími

es hier früher war. Noch bis zum Zweiten Weltkrieg lagen hier kleine Frachtensegler am Kai, warteten landwirtschaftliche Produkte in jetzt verfallenden oder schon abgerissenen Lagerhäusern auf den Weitertransport in die Inselhauptstadt oder aufs gegenüberliegende Festland. Heute liegen hier nur noch ein paar Fischer- und Freizeitboote.

Von der Brücke über den Alten Hafen zieht sich die Dorfstraße bis in die oberen Ortsteile mit einer kleinen Platía, die aber recht leblos wirkt. Zwischen Hafen und Platía zweigt eine Straße ab, die zum Kloster am Dorffriedhof führt und weiter an die Bucht von Lefkími und zu einer ehemaligen Saline.

In der großen **Saline von Lefkími** wurde vom 13. Jahrhundert bis 1988 Meersalz gewonnen. Vor allem im Frühjahr und Herbst lohnt sich für Naturfreunde ein Streifzug durch das Gelände. Über 180 verschiedene Vogelarten wurden gezählt, zwischen Oktober und Mai sind stets auch Rosa Flamingos zu sehen. An manchen Tagen stehen sogar mehrere Hundert dieser schönen Vögel einbeinig im Wasser.

P Parken
In Ermangelung eines Parkplatzes parkt man am besten am rechten Flussufer entlang der Straße von der Brücke zum Strand.

Kirás ton Ángelon ➡ O5
An der Straße zur Saline, Lefkími
Tagsüber geöffnet, Eintritt frei
Das noch von zwei Nonnen bewohnte kleine Kloster unmittelbar oberhalb des Dorffriedhofs wurde 1696 gegründet, birgt aber keinerlei historische Schätze. Fünf Minuten reichen für die Besichti-

Eine Schwarzkopfmeise rastet am Ufer der Salzmarsche von Lefkími

Der Hafen von Gáios, dem Hauptort der Insel Páxos

Tagesausflug nach Páxos

14 Kilometer südlich von Korfu träumt die grüne Insel Páxos (2400 Einw.) vor sich hin. Von Korfu-Stadt, Messóngi-Moraítika und Lefkími fahren im Sommer täglich Ausflugsboote hinüber, von der Stadt aus auch verschiedene Arten von Fähren. Die Anlegestelle liegt im Inselhauptort Gáios, der sich gegenüber einem unbewohnten Inselchen am dadurch flussartigen Meer entlangzieht. Die beiden anderen Küstenorte Longós und Lákka werden nur selten angelaufen. Dafür besuchen die meisten Ausflugsboote die Meeresgrotte Ypapánti, in die kleinere Boote sogar hineinfahren können. Zusätzlich ankern sie oft in einer der grünen Buchten des südlich sich anschließenden Inselchens Antípaxos, wo man vom Boot aus in einem unglaublich klaren Wasser schwimmen gehen kann.

Fahrpläne für Linienfähren: www.paxos-greece.com. Auskünfte über Ausflugsboote: im Hotel und an den Booten.

gung der schlichten Kirche völlig aus, während man die Stille auf dem Klosterhof gern auch länger genießt.

Strandbad ➡ O6
Am südlichen Ufer der Flussmündung beginnt ein Sandstrand, hier gibt es einen Getränkekiosk, Duschen und Umkleidekabinen.

Bucht von Lefkími ➡ N/O5/6
Vom Hotel Attika bis zur Saline begleitet die Bucht kilometerlang ein schmaler Streifen aus grobem Sand und Kies. Kurz vor der Saline liegt direkt am Meer die schlichte Taverne Petrákis, für deren Gäste auch ein paar Liegen und Sonnenschirme am Strand stehen. Ein hölzerner Steg führt weit in die Bucht hinein; das Ufer hier fällt extrem flach ab. Im Frühjahr fliegen abends oft zahlreiche Glühwürmchen umher.

Petrákis ➡ O5
Auf dem Strand, Lefkími
✆ 26 62 02 24 88
Wunderbar am Strand gelegen bietet die Strandbar leckeres Essen und gute Drinks in familiärer Atmosphäre. Hier stimmt alles, Atmosphäre, Geschmack und Ausblick. €

River Side ➡ O5
Auf Höhe der Brücke am linken Flussufer, Lefkími
✆ 26 62 02 20 22

Wenn denn einmal in Lefkími abends etwas los ist, dann garantiert in dieser modernen Bar, die neben Drinks auch Eis, Milkshakes und Smoothies serviert. Die Gäste sitzen schön an der Brücke des Kanals.

Autofähren ➨ P6
Neuer Hafen
Lefkími
Vom neuen Hafen von Lefkími am Ende der Umgehungsstraßen verkehren mehrmals täglich Autofähren nach Igoumenítsa auf dem Festland.

Ionian Cruises ➨ P6
Neuer Hafen, Lefkími
✆ 26 61 03 86 90
ionian-cruises.com
Vom neuen Hafen starten täglich Touren zu einem Tagesausflug nach Páxos und Antípaxos (vgl. S. 72) sowie zur blauen Lagune.

Mariä Entschlafung ➨ O5
Lefkími
Am 14./15. August wird das große Kirchweihfest zu Ehren Mariens mit Folklore, Livemusik, viel Essen und Trinken gefeiert.

Marathiás ➨ N/O4

Die Besonderheit dieses Binnendorfs ist sein zwei Kilometer langer, etwas rötlich schimmernder Sandstrand, der zum Teil unter einem ganz niedrigen Steilufer verläuft. Es gibt dort Tavernen und einen guten Beach Club, Sonnenschirme und Strandliegen werden vermietet. Es besteht keine Linienbusverbindung bis an den Strand.

Wave Beach Bar ➨ O4
Am Strand (ca. 2 km vom Dorfzentrum entfernt), Marathiás
✆ 69 82 34 79 86, de-de.facebook.com/WaveBeachBar
Die große, legere Bar ist der Anlaufpunkt für (fast) alle Bedürfnisse, wenn man den ganzen Tag am Strand verbringen will. Den Sundowner genießt man hier wirklich zum Sonnenuntergang; öfter ist abends auch Livemusik angesagt. €

Messóngi-Moraítika

➨ L/M3/4

Der große Doppelort wird durch einen schmalen Fluss geteilt. Nördlich des Flusses liegt das grö-

Sonnenuntergang am Strand von Moraítika

ßere **Moraítika**, das oberhalb der Küstenstraße einen großen historischen Ortskern besitzt, der den Hang eines Hügels hinaufklettert. Zwischen der Küstenstraße und dem Meer stehen in lockererer Bebauung Hotels und Apartmenthäuser. An der Küstenstraße liegen fast alle Geschäfte, Cafés und Tavernen.

Eine Straßenbrücke führt hinüber nach **Messóngi**, dessen Häuser sich in zwei Reihen am Strand entlangziehen. Die meisten Hotels und Tavernen liegen direkt am Strand, eine Shoppingmeile wie in Moraítika gibt es hier nicht. In der Flussmündung liegen auf der Méssongi-Seite Fischer- und Ausflugsboote; eine kleine Personenfähre verbindet die beiden Orte und ihre jeweiligen Strände miteinander.

Bákchos ➡ M3
Am südlichen Strandende von Messóngi
✆ 26 61 07 53 01
Die gepflegte Strandtaverne bietet klassische griechische Küche auf recht hohem Niveau, der Service ist ausgezeichnet. €€

Strandszene auf Korfu

The Village Taverna ➡ L3
Im historischen Ortskern von Moraítika
✆ 26 61 07 64 03, www.facebook.com/thevillagetavernacorfu
Auf der blumenreichen Veranda oder der Dachterrasse dieser gut geführten Taverne sitzt man mitten im Dorf und genießt gute griechische und internationale Küche. Kein Auto fährt vorbei, kein Hotel ist in Sicht. €€

Golden Beach ➡ L3
Am Strand von Moraítika
✆ 26 61 07 59 40
Häufig findet in diesem Lokal an der schmalen Strandpromenade eine Show-Veranstaltung statt. Veranstaltet werden Quiz- und griechische Folkloreabende, lateinamerikanische Tanzabende und eine Elvis-Presley-Show, oft kann das sehr internationale Publikum jeden Alters zu flotten Rhythmen tanzen. Der Eintritt ist frei, die Getränkepreise sind günstig. Auch Skeptiker sollten ruhig einmal hingehen, wenn sie in diesem Ort wohnen.

Bootsausflüge ➡ L3
Vom Flusshafen aus werden täglich verschiedene Tagesausflüge mit dem Boot angeboten. Ziele sind Páxos/Antípaxos und die Festlandsorte Párga und Sivóta. Außerdem startet nachmittags ein Boot zur Inselhauptstadt. Informationen an den Booten direkt oder unter messonghi-travelcenter.gr.

Personenfähre über den Fluss ➡ L3
Die Fähre verbindet Moraítika und Messóngi.

Paleochóri ➡ P5

Vom unscheinbaren, völlig untouristischen Binnendorf Paleochóri aus führt eine Stichstraße hinunter zu einigen der am wenigsten

Fischtrawler vor Petríti

besuchten Sandstrände der ganzen Insel.

Der im Dorf ausgeschilderte **Katoúlla Beach** ist knapp zwei Kilometer lang. Fährt man die schmale Straße an der Küste weiter bis zu ihrem Ende, kann man von hier in etwa 30 Minuten zum noch einsameren **Arkoudíla Beach** wandern.

Pentáti ➡ J3

Das kleine Dorf liegt hoch oberhalb der Bucht bei Ágios Górdis. Ein Wanderpfad führt vom südlichen Ende der Bucht in etwa 45 bis 50 Minuten durch viel Grün hinauf. Ein Linienbus fährt nicht hierher.

Chris' Place ➡ J3
Am Dorfeingang aus Richtung Ágios Górdis, Pentáti
✆ 26 66 25 38 46
Auf Terrasse und Dachterrasse sitzt der Gast mit grandiosem Blick auf die Bucht von Ágios Górdis und entlang der Steilküste. Die Wirtin bereitet all ihre Leckereien selbst täglich frisch zu, darunter ein hervorragendes Moussaká. €

Petríti ➡ N4

Die Besonderheit Petrítis sind die meist im Hafen liegenden recht großen Fischtrawler. Die sieht man sonst nirgends auf der Insel. Auch die Fischtavernen im Ort werden von ihnen bedient. Baden kann man zwar auch am Hafen, doch die schöneren Badestellen liegen zwei bis drei Kilometer südöstlich an der schmalen Straße von Ágios Nikólaos nach Kaliviótis.

Busverbindung
Nach Petríti fahren Linienbusse, es besteht jedoch keine Busverbindung zu den Tavernen und Stränden.

Panórama ➡ N4
Nótos Beach, an der Küstenstraße nach Kaliviótis
✆ 26 62 05 16 12
www.panoramacorfu.gr

Im Volkskundlichen Museum von Sinarádes

Liebevoller als hier kann man einen Garten am Meer wohl kaum gestalten. Schmale Pfade führen von der blumenüberrankten Terrasse der Taverne zwischen Yucca-Palmen und Bananenstauden, Rosenstöcken und vielen anderen Blütenpflanzen hindurch ans Wasser. Vereinzelt stehen Liegestühle und Tische auf kleinen Terrassen, sind Hängematten zwischen Bäume gespannt. Auch ein kleiner Massage-Kiosk ist integriert. Etwas zum Kitsch tendierende Statuen antiker Götter und nackter Damen setzen Akzente.

Von einem kurzen Holzsteg aus kann man ins Meer springen, an einem steinigen Miniaturstrand kann man sich sonnen. Seele des Hauses ist der auch Deutsch sprechende Inhaber Tássos Vagías.

Alle Gerichte sind sehr aromatisch, aber nicht scharf gewürzt, das Oktopus-Stifádo (geschmorte Krake mit Zwiebelgemüse) ist ein Gedicht. €€

Savvás ➡ N4
Zwischen Nótos Beach und Kaliviótis
✆ 26 62 05 17 42
www.tavernasavvascorfu.gr
Eher naturnah als gestaltet präsentiert sich der Garten dieser dem Panórama nicht unähnlichen Taverne, die ebenfalls ein reiner Familienbetrieb ist. Der Garten ist durch viele Bäume etwas schattiger, auch hier halten Hängematten und Sonnenliegen viel Abstand voneinander. €€

Sinarádes ➡ H3

Sinarádes (1150 Einw.) ist ein besonders schönes Binnendorf – ohne Meerblick, aber mit vielen farbenfroh gestrichenen, gut gepflegten Häusern und reichlich Blumenschmuck. Eine enge Straße windet sich durchs ganze Dorf und passiert dabei auch die winzige Platía, die leider als Parkplatz genutzt wird. Dennoch kann man hier rasten, u. a. ganz traditionell in einem Supermarkt mit kleiner Terrasse, auf der auch Kaffee und Drinks serviert werden.

Volkskundliches Museum ➡ H3
An einer Gasse, die zwischen dem Dorfplatz und der Kirche beginnt

(dort ausgeschildert)
Sinarádes
✆ 26 61 05 49 62
Das kleine, liebevoll von Dorfbewohnern betreute Museum will zeigen, wie man im 19. und frühen 20. Jh. auf Korfu lebte. Auf Wunsch gibt die Museumswärterin Informationen auf Englisch.

Vrakaniótika ➡ L/M3

Das unscheinbare Dorf direkt an der Nationalstraße in den Inselsüden lohnt wegen einer Olivenölfabrik und zweier Restaurants einen Abstecher.

Elaiotrívio Adélfi Mavroúdis ➡ L/M3

An der Hauptstraße im Dorfzentrum, Vrakaniótika
✆ 26 61 07 67 59
Eintritt frei
Mit welchen modernen Anlagen heutzutage Olivenöl gewonnen wird, kann man in dieser 1992 gegründeten Ölmühle sehen. Ein Freilichtmuseum zeigt, wie mühsam die Ölproduktion in früheren Zeiten war. Im angeschlossenen Laden kann man die Öle verkosten und kaufen.

Archontikó ➡ M3

Chlomatianá (gut ausgeschildert an der Hauptstraße in Vrakaniótika)
✆ 26 61 07 58 51
Das moderne Restaurant inmitten eines überaus gepflegten Gartens liegt auf einer Hügelkuppe und bietet nach allen Seiten einen fantastischen Ausblick. Der professionelle Service ist ebenso exzellent wie die Küche; auch die »feine Gesellschaft« Korfus kommt gern zum Essen hierher. €€€

Biopóros ➡ M3

Zwischen dem Dorf und dem Koríssion-See, Zufahrt (1,4 km) an der Hauptstraße schräg gegenüber der Ölmühle ausgeschildert
✆ 26 61 07 62 24
bioporos.gr
Weitab von anderen Häusern liegt das schlichte Restaurant einer Bio-Farm mit Blick auf den Koríssion-See. Die Wirtin verwendet in der Küche fast nur Produkte aus eigener Herstellung oder von anderen ökologisch arbeitenden Betrieben der Insel, kocht regional und saisonal. Wer mag, kann ihr in der Küche bei der Arbeit zuschauen. € ■

An der Quelle kaufen: korfiotisches Olivenöl

Korfu in Zahlen und Fakten

Geografie: Korfu gehört zu den Ionischen Inseln, von denen insgesamt zehn ständig bewohnt sind. Korfu ist 592 km² groß, 63 km lang und bis zu 27 km breit. Auf der Straße beträgt die Entfernung zwischen Kávos im Süden und Sidári im Norden 88 km. Höchster Berg ist der Pantokrátoras (906 m). Ein 2 bis 20 km breiter Kanal trennt Korfu vom gegenüberliegenden griechischen Festland und Albanien.
Bevölkerung: Die Insel zählt 113 000 Bewohner. 35 000 davon leben in der Inselhauptstadt. Über 95% der Korfioten sind griechisch-orthodox. Daneben gibt es eine kleine römisch-katholische Minderheit.
Verwaltung: Korfu bildet zusammen mit den Diapontischen Inseln (Othoní, Mathráki und Eríkoussa) sowie den Páxi-Inseln eine Gemeinde *(dímos)*. Verwaltungssitz ist Korfu-Stadt. Dieser Dímos ist Teil einer größeren Verwaltungseinheit, die alle Ionischen Inseln, den Peloponnes und West-Griechenland umfasst. Dessen Hauptstadt ist Patras auf dem Peloponnes.
Wirtschaft: Bedeutendster Wirtschaftszweig ist mit Abstand der Tourismus. Wichtigstes Agrarprodukt ist das Olivenöl. Die Zahl der Olivenbäume auf Korfu wird auf etwa 4 Mio. Exemplare geschätzt. Industrie gibt es nicht, wohl aber eine Universität. Angebotene Studienfächer sind Fremdsprachen, Informatik, Geschichte, Musik und visuelle Künste sowie Archiv-, Bibliotheks- und Museumswissenschaften.

Anreise, Einreise

Für die **Einreise** aus EU-Staaten und der Schweiz genügt der gültige Personalausweis. Kinder Unter 12 Jahren benötigen einen eigenen Reisepass mit Lichtbild. Wer bei der Einreise mehr als 10 000 Euro in bar oder als Schecks mitführt, muss den genauen Betrag deklarieren.

Wer einen **Hund** einführen möchte, braucht für ihn einen EU-Heimtierausweis. Der Hund muss durch Tätowierung oder Mikrochip eindeutig identifizierbar und die Kennzeichnungsnummer im Heimtierausweis eingetragen sein. Die letzte Tollwut-Impfung darf nicht länger als ein Jahr zurückliegen und muss mindestens 21 Tage vor der Einreise erfolgt sein.

Mit dem Flugzeug:
Im Sommerhalbjahr wird Korfu von vielen Flughäfen in den deutschsprachigen Ländern aus angeflogen. Das ganze Jahr über bestehen Umsteigeverbindungen über Athen sowie innergriechische Verbindungen mit Thessaloníki, Préveza, Léfkas und

Jeep-Safari auf Korfu

Zákinthos. Vor dem Flughafenterminal warten immer Taxis in großer Zahl. Die städtische Buslinie 15 verbindet den Flughafen mindestens einmal stündlich mit dem Fernbusbahnhof der Stadt und der zentralen Platía Sarocco als Ausgangspunkt aller Stadtbuslinien.

✈ **Kapodístrias Airport** ➡ H5
www.cfu-airport.gr
Der Flughafen ist rund um die Uhr geöffnet. Nach der Übernahme des Flughafens durch die Betreibergesellschaft Fraport wurden bis 2021 umfangreiche Baumaßnahmen zur Modernisierung durchgeführt.

Mit dem Schiff:
Einige wenige Fähren fahren direkt von italienischen Adria-Häfen nach Korfu. Die meisten aber fahren an Korfu vorbei und legen gegenüber im festländischen Igoumenítsa an. Von dort aus kommt man rund um die Uhr mit kleineren Autofähren weiter nach Korfu. Fahrpläne u.a. auf www.greekferries.gr und www.gtp.gr.

Auskunft

ℹ **Griechische Zentrale für Fremdenverkehr**
– Holzgraben 31
D-60313 Frankfurt/Main
✆ (069) 257 82 70
visitgreece.com.de
– Fichtegasse 2, 4.Stock, Top 26
A-1010 Wien
✆ (01) 51 25 31 70
www.visitgreece.gr

Automiete, Autofahren

Mietwagen jeder Art kann man am Flughafen und Hafen übernehmen, aber auch in jedem Ferienort buchen. Bei der Buchung vor Ort sind Schäden an den Reifen und auf der Unterseite des Wagens meist selbst durch Vollkasko nicht abgedeckt. Viele – auch renommierte internationale – Autovermieter übergeben die Mietwagen nicht vollgetankt oder erwarten die sofortige Zahlung des Tankinhalts. Dafür kann man den Wagen dann mit leerem

Korfiotische Motive auf Kronkorken

Tank zurückgeben – falls man die Nerven dafür hat.

Gut ausgebaut sind nur die Nationalstraße von Korfu-Stadt nach Paleokastrítsa und die Straße zwischen Kassiópi und Sidári entlang der Nordküste. Ansonsten sind die Straßen sehr kurvenreich und meist auch nur zweispurig. Ein weiteres Charakteristikum ist das ständige Auf und Ab vieler Straßen. Vorsichtiges Fahren ist also angesagt; beim Kalkulieren von Fahrzeiten sollte man mit höchstens 40 km/h rechnen. Vor unübersichtlichen Kurven empfiehlt sich das Hupen.

Die **Höchstgeschwindigkeit** beträgt für Pkw innerorts 50 km/h, auf Landstraßen 90 km/h; für Motorräder innerorts 40 km/h, außerorts bis zu 125 cc generell 70 km/h. Die Promillegrenze liegt für Autofahrer bei 0,5, für Motorradfahrer bei 0,2.

Diplomatische Vertretungen

i Deutsches Konsulat ➡ aB4
Odós Kapodistríou 23
49100 Korfu-Stadt
✆ 26 61 03 68 16

i Österreichisches Konsulat
➡ südl. aD3
Odós L. Alexandras 4
49100 Korfu-Stadt
✆ 26 61 02 19 43

i Schweizer Konsulat
➡ südl. aD3
Odós Dimokratías 3
49100 Korfu-Stadt
✆ 26 61 05 67 98

Einkaufen

Souvenirs aus Korfu sind vor allem kulinarischer Art. Markantestes Produkt ist die Zwergorange **Koum Kouat**. Aus ihr werden ein schmackhafter Likör sowie Marmeladen und Konfekt hergestellt. Lecker sind der korfiotische Honig, korfiotische Oliven und Olivenpaste. Der Olivenbaum liefert auch das Holz für die Schnitzer, die daraus viele Gebrauchsgegenstände wie Salatbesteck, Frühstücksbretter und Schalen sowie auch schöne Kunstobjekte herstellen. Aus Ágios Stéfanos Avliotón im Nordwesten der Insel kommt schönes farbiges Glas, einige wenige Ateliers fertigen Schmuck, Lederartikel und Keramik.

Eintrittspreise und Ermäßigungen

Für das Byzantinische Museum in der Antivouniótissa-Kirche, das Museum der Asiatischen Kunst, die Alte Festung, das Museum im Schlösschen Mon Repos und das Archäologische Museum gibt es ein Kombiticket, mit dem Gäste sparen können, die sich drei oder mehr Museen in Korfu-Stadt anschauen möchten.

Schüler mit nationalem Schülerausweis, Studenten aus EU-Ländern mit internationalem Studentenausweis und Journalisten mit internationalem Presseausweis haben grundsätzlich freien Eintritt. Senioren ab 65 Jahren und Studenten aus Nicht-EU-Ländern erhalten eine **Ermäßigung**.

Für alle **kostenlos** ist der Zutritt zu staatlichen Museen und archäologischen Stätten in ganz Griechenland an jedem ersten Sonntag im Monat zwischen November und März. Freier Eintritt wird außerdem an gesetzlichen Feiertagen, am letzten Wochenende im September sowie am 6. März (zum Gedenken an die Schauspielerin, Sängerin und Kultusministerin Melína Mercoúri) gewährt. Eintrittsfrei bleiben auch der Internationale Denkmaltag am 18. April und der Internationale Museumstag am 18. Mai sowie der Internationale Umwelttag am 5. Juni.

Auf dem Wochenmarkt von Korfu-Stadt

Essen und Trinken

Die **korfiotische Küche** ist eine der besten des ganzen Landes. Die Saucenvielfalt ist größer als sonst in Hellas, auch vor einer leichten Schärfe weicht man hier nicht zurück. Drei Zubereitungsarten stehen gleichberechtigt nebeneinander: Herd, Backofen und Holzkohlengrill. Sehr beliebt sind Aufläufe wie das *moussaká* aus Auberginen oder Zucchini, Kartoffeln, Hackfleisch und Béchamelsoße und das *pastítsjo* aus Makkaroni, Hackfleisch und Béchamelsoße.

Als klassische korfiotische **Spezialitäten** gelten der Rinderschmorbraten *sofríto,* gebratener Hahn mit Nudeln *(kokkarás)* und vor allem *bourdétto*, eine Fischsuppe ähnlich der berühmten französischen Bouillabaisse. Es gibt sie in den Varianten Weiß (mild) und Rot (leicht scharf). Den Fisch dafür kann man oft frei wählen; besonders geeignet sind Skorpionsfisch, Dornhai und Rochen. In der Regel wird der Fisch vor dem Servieren aus der Suppe genommen und auf einem gesonderten Teller serviert. Ein typisch korfiotischer Salat ist der leider in Tavernen nur selten erhältliche *tsigarélli* aus den Blättern verschiedener wildwachsender Grünpflanzen in einer scharfen Soße.

Wichtigstes Merkmal griechischer Esskultur ist es, dass man fast nie allein oder nur zu zweit zum Essen geht. Man trifft sich mit Verwandten oder Freunden, die zum Teil der für Hellenen so wichtigen ***paréa*** werden, der Tischgemeinschaft. Innerhalb der *paréa* bestellt man gemeinsam. Menüs, vom Wirt oder von jedem Gast einzeln nur für sich selbst zusammengestellt, sind völlig unüblich.

Straßenszene in Korfu-Stadt

Nur ausgesprochene Touristenlokale bieten sie manchmal an. Für Griechen wird die gesamte Bestellung in die Tischmitte gestellt. Davon nimmt sich jeder, was und wie viel er mag, auf sein eigenes Tellerchen. Die Rechnung begleicht einer für alle – man kann sie sich ja hinterher teilen.

Die meisten korfiotischen Tavernen bieten von vormittags bis spät in der Nacht durchgehend warme Küche an. Nur einige vornehmere Restaurants haben feste Öffnungszeiten. Vor der Bestellung schauen Griechen nur selten in die – fast immer mehrsprachigen – Speisekarten. Sie lassen sich lieber vom Kellner aufzählen, was es gibt. Als Ausländer geht man am besten an den Warmhaltetresen, in dem meist die gekochten und gebackenen Tagesgerichte ausgestellt sind. Manchmal darf man auch noch wie in alten Zeiten in der Küche in die Töpfe schauen.

Verschiedene **Vorspeisen** gehören auf jeden Fall auf den Tisch. Neben dem allseits bekannten Tzazíki zählen auch das Auberginenpüree *melindsanosaláta* und das Knoblauch-Kartoffel-Püree *skordaljá* dazu. Köstlich ist das eigentlich aus Kreta stammende Platterbsenpüree *fáva* mit Öl und Zwiebeln. Etwas Mut erfordert das meist rötliche Fischrogenpüree *taramosaláta.*

Auch ein **Salat** fehlt selten auf korfiotischen Tischen. Neben dem legendären Bauernsalat *choriátiki* stehen je nach Jahreszeit oft auch der hier keineswegs säuerliche Rote-Bete-Salat *patsarjá* und der Mangoldsalat *chórta* auf der Karte. Zu den besonders schmackhaften Gemüsegerichten gehören *briám,* eine Art Ratatouille, und *lachanodolmádes,* die kleine griechische Variante der Kohlroulade.

Fleisch wird in Tavernen nicht nur gegrillt oder gebraten. Beliebt sind auch das *stifádo,* geschmortes Rind- oder Kaninchenfleisch mit Zwiebelgemüse in einer Zimt-Tomaten-Sauce, und *juvétsi,* meist im Tongefäß gebackenes

Wie man griechischen Kaffee bestellt

Die Griechen lieben Kaffee in vielen Variationen. Beim traditionellen *kafés ellinikós* wird der Kaffee zusammen mit der gewünschten Menge Zucker zum Aufwallen gebracht und in kleinen Mokkatassen serviert. Man trinkt ihn immer ohne Milch, speziell auf Korfu aber gern mit ein paar Tropfen Ouzo. Ein Standardgetränk ist auch der generell »Nescafé« genannte Instantkaffee. Er wird entweder heiß oder eiskalt und schaumig geschlagen serviert. Beim Bestellen gibt man an, ob man Milch und Zucker darin möchte. Insbesondere jüngere Leute lassen sich »Freddo Espresso« und »Freddo Cappuccino« schmecken, beide mit Milch und Zucker in bei der Bestellung gewünschtem Umfang. Espresso und Cappuccino gibt es natürlich auch in der bekannten heißen Variante. Die wichtigsten Vokabeln für die Bestellung:

chorís sáchari/skétto – ohne Zucker
métrio – mit etwas Zucker
glikó – mit viel Zucker
mä gála – mit Milch
chorís gála – ohne Milch

Griechischer Kaffee

Märchenhafter Olivenhain auf Korfu

Rind- oder Lammfleisch mit reiskornförmigen Gerstennudeln.

Ein **Nachtisch** wird in vielen Tavernen ungefragt und kostenlos serviert. Oft kommt frisches Obst auf den Tisch, häufig auch warme *halvá,* gebackener oder gerösteter Mandelgrieß. Dazu mundet als Digestiv ein korfiotischer Likör aus der Zwergorange Koum Kouat.

Konkrete Restaurantempfehlungen finden Sie unter den Vista Points. Die dort aufgeführten Preisklassen beziehen sich auf den durchschnittlichen Preis für ein Hauptgericht ohne Getränk.

€ – untere Preislage (bis 15 Euro)
€€ – mittlere Preislage (15–20 Euro)
€€€ – gehobene Preislage (über 20 Euro)

Feiertage und Feste

Unbewegliche gesetzliche Feiertage:
1. Januar: Neujahrstag
6. Januar: Epiphanias (Tag der Wasserweihe und der Taufe Jesu)
25. März: Nationalfeiertag im Gedenken an den Beginn des griechischen Freiheitskampfs gegen die osmanische Herrschaft im Jahr 1821
1. Mai: internationaler Tag der Arbeit
21. Mai: regionaler Feiertag auf den Ionischen Inseln zum Gedenken an die Vereinigung des Archipels mit dem befreiten Griechenland im Jahr 1864
15. August: Mariä Entschlafung (nicht Himmelfahrt, weil die leibliche Himmelfahrt Mariens in der orthodoxen Kirche kein Dogma ist)
28. Oktober: Nationalfeiertag zum Gedenken an die Ablehnung des vom italienischen Diktator Mussolini im Jahr 1940 gestellten Ultimatums, die zum sofortigen Kriegseintritt Griechenlands führte
25./26. Dezember: Weihnachten

Bewegliche gesetzliche Feiertage: Der Ostertermin und die davon abhängigen Termine der übrigen beweglichen Feste werden in Griechenland noch nach dem Julianischen Kalender berechnet. Sie können zeitgleich mit den unseren, aber auch eine bis fünf Wochen später liegen.

Rosenmontag:
18. März 2024, 3. März 2025
Karfreitag:
3. Mai 2024, 18. April 2025
Ostersonntag/-montag:
5./6. Mai 2024, 20./21. April 2025

Karfreitagsprozession in Korfu-Stadt

Pfingstsonntag/-montag:
23./24. Juni 2024, 8./9. Juni 2025

Stimmungsvoll sind auch die verschiedenen Kirchweihfeste und örtlichen Feierlichkeiten wie das Sardinen-Fest in Benítses.

Geld, Kreditkarten

Landeswährung ist der Euro (€). **Bargeldautomaten** sind in großer Zahl vorhanden. Sie zahlen mittels Maestro- oder Kreditkarte nach Eingabe des PIN in der Regel bis zu € 500 pro Tag aus. Bei der Maestro-Karte berechnet die heimische Bank meistens Gebühren von € 5 unabhängig von der Höhe der Abhebung; auch bei Abhebung mit Kreditkarten wird meist eine Mindestgebühr fällig. Es ist daher vorteilhafter, einmal einen größeren Betrag als mehrmals kleinere Beträge zu ziehen.

Reiseschecks und Devisen werden von den Banken eingelöst, die in allen größeren Orten zu finden sind. Banken sind Mo–Do 8–14 Uhr und Fr 8–13.30 Uhr geöffnet. **Kreditkarten**, insbesondere Visa und Mastercard, werden in fast allen Hotels sowie vielen Restaurants und Geschäften akzeptiert. Lieber sehen die meisten Korfioten allerdings Bargeld.

Hinweise für Menschen mit Handicap

Wenn das Reisebüro nicht weiterweiß, helfen bei der Hotelauswahl Websites wie behindertengerechte-reisen.com, urlaub-barrierefrei.info. Ein rollstuhlgerechtes Großraumtaxi für Flughafentransfers und Ausflüge bietet www.corfutaxi.gr.

Eine ausführliche Schilderung eines Rollstuhlfahrer-Urlaubs auf Korfu ist im Internet unter www.corfu.de/korfu-reisebericht-rollstuhl zu finden.

Internet

Kostenlosen WLAN-Zugang bieten auf Korfu fast alle Cafés, Bars und Tavernen. Auch in kleineren Hotels ist er meist kostenfrei. In großen Hotelanlagen werden häufig Gebühren dafür erhoben. Internetcafés gibt es in der Smartphone-Zeit nicht mehr. Die Übertragungsgeschwindigkeit ist meist hoch, das Funknetz flächendeckend.

Auskunft im Internet:
www.visitgreece.gr – offizielle Website der Griechischen Zentrale für Fremdenverkehr, nur auf Englisch

visit.corfu.gr – offizielle Website der Gemeinde Korfu mit Informationen zu allen Bereichen
www.griechenland.net – Homepage der einzigen deutschsprachigen Zeitung Griechenlands
www.mfa.gr/germany/de – Online-Informationsdienst der griechischen Botschaft in Berlin
www.klaus-boetig.de – Blogs des Autors dieses Reiseführers über Reiseziele in ganz Griechenland
www.in-greece.de – Chat-Forum für alle Urlaubsregionen in Griechenland

Klima, Kleidung, Reisezeit

Die Insel Korfu ist ein Sommerreiseziel. Die Stadt lohnt aber auch im Winter eine Kurzreise. Saison ist zwischen Mitte Mai und Mitte Oktober. Baden kann man allerdings noch bis weit in den November hinein. Für Wanderungen ist die blühende Natur im April und Mai ideal. Zum winterlichen Reiz der Stadt gehört auch der Anblick der schneebedeckten Gebirge auf dem Festland gegenüber.

Eine leichte Jacke für abends und Regenschutz gehören auch im Sommer ins Reisegepäck. Schuhe mit rutschfesten Sohlen sind nicht nur für Wanderungen, sondern auch für die marmorgepflasterten Gassen der Altstadt von Korfu dringend anzuraten.

Medizinische Versorgung

Zwischen Deutschland, Österreich und Griechenland besteht ein Sozialversicherungsabkommen. Mitglieder gesetzlicher Krankenkassen können sich de jure unter Vorlage ihrer **Europäischen Krankenversicherungskarte** (EHIC) von den Vertragsärzten der griechischen Krankenkassen kostenlos behandeln lassen. De facto ist das jedoch kaum möglich – die Ärzte erwarten Barzahlung. Nach Vorlage von Diagnose, Arztrechnung und Apothekenquittung werden die Ausgaben nach der Rückkehr von der heimischen Krankenkasse entsprechend der in Deutschland geltenden Behandlungsrichtlinien ersetzt. Private Krankenversicherungen gelten zumeist ohnehin im europäischen Ausland. Der Abschluss einer **Auslandskrankenversicherung** kann sinnvoll sein für zusätzliche Leistungen, etwa den Rücktransport in die Heimat. Kostenlos für alle und völlig unbürokratisch sind **Notfallbehandlungen** in Krankenhäusern und in den ländlichen Filialen des National Health Centre (ESY).

Apotheken sind zahlreich. Viele Arzneimittel gibt es hier auch ohne Rezept und sehr viel günstiger als in Mitteleuropa. Welche Apotheke gerade Nacht- oder Wochenenddienst hat, wissen u. a. Taxifahrer.

Mit Kindern auf Korfu

Auf Korfu macht man um den Nachwuchs nicht viel Aufheben: Er ist ganz einfach überall und jederzeit dabei. Nach Sonnenuntergang sind die Temperaturen im Sommer ja auch viel angenehmer

Erkundungstour in Paléo Períthia

zum Spielen. Spezielle Einrichtungen und Angebote für die Kleinen gibt es allerdings bis auf ein paar öffentliche Spielplätze *(pedikà charà)* kaum. Beim Essen bekommen sie ganz einfach einen leeren Teller vorgesetzt und können sich wie die Großen aus der Tischmitte nehmen, was ihnen schmeckt.

Ausflugsziele, die Kindern besonderen Spaß bereiten können, sind der **Wasserpark in Ágios Ioánnis** ➡ G3 mit seinen Riesenrutschen sowie die Esel von **Donkey Rescue** ➡ D2 nahe Paleokastrítsa. An der **Esplanade** ➡ aC4 von Korfu-Stadt warten Pferdekutschen und ein Miniaturzug auf Fahrgäste. Dort können die Kleinen auch auf Elektroautos ihre Runden drehen.

An ein paar Vorsichtsmaßnahmen sollte man denken. Für Kinder ist ein guter Sonnenschutz noch wichtiger als für Erwachsene. Ein Hütchen gehört ebenso ins Reisegepäck wie Badeschuhe, da der Sand am Strand glühend heiß werden kann. Griechische Ärzte verschreiben Kindern auch bei leichteren Erkältungen oft schon Antibiotika. Wer das nicht schätzt, bringt besser sanftere Mittel aus der Hausapotheke mit.

Nachtleben

Ein intensives Nachtleben gibt es ganzjährig nur in der Inselhauptstadt. Die meisten Diskotheken und Clubs liegen dort entlang der Küstenstraße zwischen dem Fährhafen und dem Beginn der Nationalstraße Richtung Paleokastrítsa. Vor allem junge Briten und Iren feiern in Kávos im äußersten Inselsüden ihre Partys.

Notfälle, wichtige Rufnummern

Europäischer Notruf: ✆ 112 (Englisch wird fast immer verstanden)
Sperren von Kreditkarten:
✆ +49 11 61 16
Sperren von Maestro-Karten:
✆ +49 18 05 02 10 21

Öffnungszeiten

Souvenirgeschäfte sind auf der ganzen Insel im Sommer meist 10–23 Uhr geöffnet, in den Ferienorten auch die Supermärkte. Für Läden, die sich überwiegend an einheimische Kundschaft wenden, gelten folgende Öffnungs-

In den Straßen der Altstadt von Korfu-Stadt konzentriert sich das Nachtleben

Seekayaks werden vielerorts vermietet

zeiten: Mo, Mi, Sa ca. 8.30–15.30 Uhr, Di, Do/Fr ca. 8.30–13.30 und 17–20.30 Uhr. Manche Museen sind Mo geschlossen.

Post, Briefmarken

Postkarten und Briefe in die deutschsprachigen Länder sind meist zwei bis vier Tage unterwegs. Briefmarken erhält man bei den Postämtern und manchmal auch beim Kauf von Ansichtskarten. Postämter sind in der Regel Mo–Fr 7–14.30 und Sa 7–13 Uhr geöffnet.

Presse und Medien

Deutschsprachige Zeitungen und Zeitschriften sind in Korfu-Stadt ganzjährig und in den anderen Orten im Sommerhalbjahr meist noch am Erscheinungstag erhältlich. In Griechenland selbst erscheint an jedem Mittwoch die deutschsprachige Griechenland-Zeitung.

Die zahlreichen griechischen Rundfunksender strahlen überwiegend griechische Musik aus. Über die aktuellen Frequenzen der Deutschen Welle informiert man sich unter www.dw.com.

Auf den griechischen Fernsehkanälen laufen viele Filme in der Originalsprache mit griechischen Untertiteln. Deutsche Fernsehsender können in vielen größeren Hotels via Satellit empfangen werden.

Rauchen

In allen öffentlichen Verkehrsmitteln, auf Flughäfen und in den Innenräumen von Schiffen, Restaurants, Cafés, Bars und Diskotheken ist das Rauchen offiziell streng untersagt. In Lokalen hält man sich daran nicht immer.

Sicherheit

Die Kriminalitätsrate auf Korfu ist sehr niedrig. Auch allein reisende Frauen können sich bedenkenlos zu jeder Tages- und Nachtzeit auf die Straße begeben. Vorsicht vor Taschendieben ist – wie überall – vor allem im Gedränge geboten.

Sport und Erholung

Vor allem an der dem Festland zugewandten Ostküste können auch Anfänger vielerlei **Wassersportarten** gut betreiben. Zahlreiche Wassersportstationen bieten Gelegenheit zu Wasserski, Jetski, Para-

Dorfleben auf Korfu

chuting und Stand-up-Paddling. Wer stärkere Winde sucht, bevorzugt allerdings die dem offenen Meer zugewandte Westküste mit ihren Windsurf- und Segelschulen. Für **Kitesurfer** bietet Ágios Geórgios Argirádon das beste Revier. Mehrere Tauchschulen erschließen Korfus Unterwasserwelt. Motorboote bis zu 30 PS kann man in vielen Orten an der Nord- und Ostküste führerscheinfrei mieten.

Zu Lande kann man Ausritte und geführte Mountainbiketouren unternehmen, Golf spielen und wandern. Der etwa 250 Kilometer lange Corfu Trail führt kreuz und quer über die gesamte Insel.

Sprachhilfen

Auf Korfu sprechen viele Griechen Englisch und Italienisch, manche auch Deutsch. Speisekarten sind immer mehrsprachig. Orts- und Hinweisschilder sind fast immer in griechischer und lateinischer Schrift gehalten. Für die Transkription der griechischen Schrift in die lateinische gibt es keine allgemein verbindliche Norm. Deswegen findet man selbst Ortsnamen oft ganz unterschiedlich geschrieben. Das macht die Orientierung anfangs manchmal schwer: Sich das griechische Alphabet einzuprägen ist auf jeden Fall nützlich – und macht auch Spaß.

Bei der Aussprache des Griechischen spielt die richtige Betonung des Worts eine sehr große Rolle. Betont wird immer der Vokal, der den Akzent trägt. Ansonsten sollte man darauf achten, alle Vokale kurz und offen auszusprechen.

Kalí méra!	Guten Tag! (bis ca. 17 Uhr)
Kalí spéra!	Guten Abend! (ab etwa 17 Uhr)
Kali nichta!	Gute Nacht!
Jássu/jássas!	Hallo (Einzahl)/ Hallo! (Mehrzahl und Höflichkeitsform)

Jámmas!	Prost, auf unsere Gesundheit!
nee/óchi	ja/nein
málista	jawohl
Parakaló	bitte
Efcharistó/ efcharistúme	Ich danke/ wir danken
Típota	Nichts, nicht der Rede wert
Kírie	Herr (als Anrede)
Kiría	Frau (als Anrede)
Jermanía	Deutschland
Afstría	Österreich
Elwetía	Schweiz
Elláda	Griechenland
kaló/kalí/kala	gut
polí kaló/ kalí/kalá	sehr gut
kakó/kaká	schlecht
próchtses	vorgestern
chtses	gestern
símera	heute
áwrio	morgen
metháwrio	übermorgen
proí	morgens
apógewma	nachmittags
wráthi	abends
aristerá	links
deksjá	rechts
efthían	geradeaus
grígora	schnell
sigá	langsam
woíthja	Hilfe

Strom

Die Stromspannung beträgt 220–230 Volt. Unsere zweipoligen Stecker passen überall.

Telefonieren

Funktionierende **Telefonzellen** gibt es auf Korfu fast gar nicht mehr. Wer eine gefunden hat, kann von dort aus mit der OTE-Telefonkarte kostengünstig telefonieren.

		Bedeutung	Aussprache
Α	α	Alpha	A
Β	β	Beta	W
Γ	γ	Gamma	G oder J (vor e und i)
	δ	Delta	Th (engl., stimmhaft)
Ε	ε	Epsilon	E
Ζ	ζ	Zeta	S (stimmhaft)
Η	η	Eta	I
Θ	ϑ θ	Theta	Th (engl., stimmlos)
Ι	ι	Jota	I oder J (vor Vokal)
Κ	κ	Kappa	K
Λ	λ	Lamda	L
Μ	μ	My	M
Ν	ν	Ny	N
Ξ	ξ	Xi	Ks
Ο	ο	Omikron	O
Π	π	Pi	P
Ρ	ρ	Rho	R
Σ	σ ς	Sigma	S (stimmlos)
Τ	τ	Tau	T
Υ	υ	Ypsilon	I
Φ	φ	Phi	F
Χ	χ	Chi	Ch
Ψ	ψ	Psi	Ps
Ω	ω	Omega	O

Hotel in Gouviá

Mobiltelefone sind auf Korfu weit verbreitet; die Flächendeckung ist ausgezeichnet. Akkus kann man in fast allen Tavernen und Hotels auf Nachfrage gern kostenlos aufladen; manchmal stehen dafür sogar eigene Ladestationen bereit. Roaming-Gebühren werden innerhalb der EU seit Sommer 2017 nicht mehr fällig.

Fast alle griechischen Telefonnummern sind sowohl im Fest- als auch im Mobilfunknetz zehnstellig. Festnetznummern beginnen mit einer 2, Mobilfunknummern mit einer 6. Die vollständige zehnstellige Nummer muss auch bei Ortsgesprächen gewählt werden.

Vorwahl Griechenland ✆ +30
Vorwahl Deutschland ✆ +49
Vorwahl Österreich ✆ +43
Vorwahl Schweiz ✆ +41

Trinkgeld

Dem Kellner schon beim Bezahlen durch Aufrundung des Betrags die gewünschte Trinkgeldhöhe anzugeben ist in Hellas unüblich. Der Kellner wird glauben, dass Sie vermuten, er habe sich zu Ihren Gunsten verrechnet. Man lässt sich zunächst das Wechselgeld vollständig zurückgeben und lässt dann das Trinkgeld beim Weggehen auf dem Tisch liegen.

Die Höhe des Trinkgelds bleibt natürlich auch hier dem Gast überlassen und sollte sich nach dessen Zufriedenheit richten. Trinkgelder unter 50 Cent gelten allerdings eher als Beleidigung.

Unterkunft

Hotels, Pensionen und Apartmenthäuser gibt es in allen Küstenorten in großer Zahl. Außerhalb der Stadt sind sie nahezu alle nur im Sommerhalbjahr geöffnet. Auch bei Ferienwohnungen und Ferienhäusern sind Bettwäsche, Hand- und Küchentücher meist im Mietpreis inbegriffen; eine Gebühr für die Endreinigung wird fast nirgends erhoben.

Verkehrsmittel

Busse:
Nahezu alle Orte auf Korfu sind mit Linienbussen erreichbar. Die Busgesellschaft **Astikó KTEL Kérkyras** (Corfu City Bus, vgl. S. 22) betreibt verschiedene Stadtbuslinien in Korfu-Stadt und fährt von hier aus in die nahen Orte Kontokáli, Gouviá, Dassiá, Pélekas und Ípsos/Pirgí sowie nach Pérama und Benítses. Linie 10 fährt zum Achíllion-Schloss und dem benachbarten Ort Gastoúri, Linie 8 zum Wasserpark bei Ágios Ioánnis. Zentraler Busbahnhof ist die Platía Sarocco am Altstadtrand. Fahrkarten kauft man am Automaten, am Busbahnhof oder – etwas teurer – im Bus. Fahrpläne findet man unter astikoktelkerkyras.gr.

Für Verbindungen in alle anderen Inselorte sowie nach Athen

und Thessaloníki auf dem Festland sind die **Green Buses** (vgl. S. 22) zuständig. Fahrkarten gibt es am Busbahnhof in der Neustadt und – ohne Aufpreis – beim Fahrer. Fahrpläne und -preise findet man unter greenbuses.gr.

Taxis:
Taxis gibt es in großer Zahl. Alle verfügen über Taxameter. Die Tarife sind günstiger als in Mitteleuropa. Fahrpreistabellen muss jeder Fahrer auf Verlangen vorweisen. Für Tagesausflüge mit dem Taxi kann man den Preis auch frei vereinbaren.

Schiffe:
Eine reguläre Küstenschifffahrt gibt es auf Korfu nicht. Von vielen Badeorten zwischen Kassiópi und Messóngi-Moraítika aus werden aber Tagesausflüge mit dem Boot in die Inselhauptstadt angeboten. Außerdem fahren Linienschiffe von Korfu-Stadt zur südlichen Nachbarinsel Páxos (vgl. S. 72) und zu den Diapontischen Inseln Eríkoussa, Othoní und Mathráki im Nordwesten Korfus. Auch von Ágios Stéfanos Avliotón aus kommt man zu den Diapontischen Inseln, nach Eríkoussa im Sommerhalbjahr auch ab Sidári.

Zeitzone

Griechenland ist unserer mitteleuropäischen Zeit um eine Stunde voraus. Wenn es in Deutschland 11 Uhr ist, ist es in Griechenland bereits 12 Uhr. Die Umstellung auf Winter- und Sommerzeit erfolgt in der gesamten EU gleichzeitig.

Zoll

Innerhalb der EU dürfen Waren zum eigenen Verbrauch unbegrenzt ein- und ausgeführt werden. Überschreitet man allerdings die im Richtmengenkatalog festgesetzten Grenzen, muss man im Fall einer Stichprobe glaubhaft machen, dass diese Mengen tatsächlich für den persönlichen Verbrauch bestimmt sind. Weitere Informationen unter www.zoll.de.

In die Schweiz dürfen 250 Zigaretten, 5 Liter Wein, 1 Liter Spirituosen und sonstige Waren im Wert von bis zu 300 Franken zollfrei eingeführt werden. ■

Ein Kanal trennt die Alte Festung von Korfus Altstadt

Die **fetten** Seitenzahlen verweisen auf ausführliche Erwähnungen, *kursiv* gesetzte Begriffe bzw. Seitenzahlen beziehen sich auf den Service.

& INFO GUIDES

Karte und E-Book inside

NEU 2024

PARIS

GO VISTA CITY GUIDE

E-Book inside

- mit E-Book zum Download
- Top 10
- alle Highlights der Destination
- Vorschläge für eine oder mehrere Stadttouren
- Tipps zu Essen und Trinken, Nightlife, Shopping, Kultur, Sport etc.
- Chronik mit Daten zur Geschichte
- reisepraktische Hinweise
- Sprachführer (in ausgewählten Titeln)
- ausfaltbare Karte
- Format 11 x 21,5 cm
- 96 oder 144 Seiten

E-Book inside

info@vistapoint.de · www.facebook.de/vistapoint

Alamy/ArcoImages GmbH K. Kreder: S. 57; dominic dibbs: S. 76; Grant Rooney: S. 65; Grant Rooney Premium: S. 44 o.; image Broker STELLA: S. 43; imageimage: S. 13; Lynne Sutherland: S. 50; Norbert Probst imageBROKER: S. 56 o.; R. A. Rayworth: S. 90; Real Easy Star Lorenzo Sechi: S. 22; Tim Graham: S. 77; travelstock44 Juergen Held: S. 54
Edem Beach Nightclub, Dassia: S. 38
Fotolia/apeskoff: S. 58; CCat82: S. 49; Dimitris: S. 71 u.; doncero: S. 74; Elena Krivorotova: S. 87; EugeS: S. 47; fotoru: S. 40; Szymon: S. 71 o., 85; vivoo: S. 55; Zbynek Jirousek: S. 46
Getty Images/Aleksandar Georgiev: S. 2 o. Mitte, 21
iStockphoto/bbbrrn: S. 82; Calin Stan: S. 4/5, 48, 56 u., 53, 64; CCat82: S. 3 o. Mitte, 3 o. r., 63, 83; D Zheleva: S. 33 o., 84; Elenasfotos: S. 73; entrechat: S. 28, 86; gehringj: S. 29; harmatoslabu: S. 42; holgs: S. 16, 18, 30, 31, 81 o., 81 u.; kjschraa: S. 79; Klemen1977: S. 41; laranik: S. 32; majaiva: S. 12, 91, Marholev: S. 52; master2: S. 33 u.; Mike Laptev: S. 2 o. r., 6, 67; milosducati: S. 3 o. l., 34, 62; Mordeccy: S. 39; Nadya85: S. 2 o. l., 15, 69; omersukrugoksu: S. 61; onepony: S. 1; Panos Karapanagiotis: S. 25 o.; petejeff: S. 19 u.; Poike: S. 72; Rostislavv: S. 23; SERGZEL: S. 19 o.; shakim888: S. 88 u.; theendup: S. 80; tupungato: S. 51 u., 88 o.; ultramarinfoto: S. 78 u.; user with dslr: S. 24; vaximilian: S. 7
Klaus Bötig, Bremen: S. 27, 36, 37, 51 o., 59, 60, 66, 68, 75
Patounis Soap Factory, Korfu: S. 26
shutterstock/Alexandros Michailidis: S. 9; Anastasija Kru: S. 44/45; Heracles Kritikos: S. 25 u.; Simon Dannhauer: S. 70
VISTA POINT Verlag, Rheinbreitbach: S. 8, 78 o.
Wikipedia (CC BY-SA3.0)/MarcRyckaert: S. 20; Albtalkourtaki: S. 14; Google Art Project: S. 17; Bruno Heinrich Strassberger: S. 35

Schmutztitel (S. 1): Statuen vor dem Achíllion
Seite 2/3 (v. l. n. r.): Kirche Ágios Geórgios; Kloster Vlachérna; Reste der venezianischen Werfthallen in Gouviá; Bucht von Paleokastrítsa; Olivenhain; Cap Drastis

Reihenkonzeption: Andreas Schulz & VISTA POINT-Team
Bildredaktion: Eszter Kalmár
Lektorat: JB Bild | Text | Satz, Berlin
Layout und Herstellung: Sandra Penno-Vesper, Potsdam
Reproduktionen: Henning Rohm, Köln; Noch & Noch, Datteln
Kartographie: Huber Kartographie GmbH
Gesamtherstellung: VISTA POINT Verlag GmbH, Rheinbreitbach

ISBN 978-3-96141-737-7

An unsere Leserinnen und Leser!
Die Informationen dieses Buches wurden gewissenhaft recherchiert und von der Verlagsredaktion sorgfältig überprüft. Nichtsdestoweniger sind inhaltliche Fehler nicht immer zu vermeiden. Für diese übernimmt der Verlag keine Haftung. Für Ihre Korrekturen und Ergänzungsvorschläge sind wir dankbar.

VISTA POINT Verlag
Rolandsecker Weg 30 · 53619 Rheinbreitbach
Telefon: +49 (0)2224/7795-0 · Fax: +49 (0)2224/7795-100
info@vistapoint.de · www.vistapoint.de · www.facebook.de/vistapoint

1000 Places To See Before You Die®
Die Welt, wie Sie sie noch nie gesehen haben
1000 PLACES TO SEE BEFORE YOU DIE
Die Welt, wie Sie sie noch nie gesehen haben
Patricia Schultz
Der Bildband
Eine neu bebilderte Reise im Groß-Format des internationalen Bestsellers
Patricia Schultz
Durchgängig vierfarbig,
mit 1000 Fotos, 544 Seiten
Format 24,1 x 32,7 cm
4. Auflage 2023
ISBN 978-3-96141-655-4
€ 59,90
jetzt in 4. Auflage lieferbar
VISTA POINT